FEDERICO LUNARDI

LEMPIRA: EL HÉROE DE LA EPOPEYA DE HONDURAS

ERANDIQUE
COLECCIÓN

LEMPIRA: EL HÉROE DE LA EPOPEYA DE HONDURAS
FEDERICO LUNARDI

©Colección Erandique
Supervisión Editorial: Óscar Flores López
Diseño de portada: Andrea Rodríguez—Mariana Turcios
Administración: Tesla Rodas
Director Ejecutivo: José Azcona Bocock
Primera Edición
Tegucigalpa, Honduras—Diciembre 2024

CONTENIDO

LEMPIRA: UN CACIQUE DE CARNE Y HUESO

Por increíble que parezca, todavía hay personas, pocas, pero las hay, que niegan, sin ningún fundamento, la existencia de Lempira, el señor de la sierra. Es como si pretendieran, no se sabe por qué razón, borrar parte de la historia de Honduras.

La existencia del joven cacique no debería ser tema de discusión. Hay documentos que avalan su epopeya.

Piraera, el Congolón, Piedra Parada, Cerquín, Coyocutena, el Cerro del Broquel, como bien señala el autor, son lugares que, siendo casi inaccesibles, han quedado envueltos en misteriosa leyenda.

Hay algo, sin embargo, que es todavía peor: que los hondureños, su pueblo, apenas se acuerden de él cada 20 de julio, que es cuando se conmemora su día, o al momento de rendir el examen del himno: "Y de la épica hazaña en memoria".

Después de eso, Lempira solo nos acompaña en los billetes de uno que guardamos en la cartera. En ese sentido, el libro escrito por monseñor Federico Lunardi (Livorno, Italia) es importante para rescatar, aunque sea parcialmente, a Lempira.

"Al tratar de la muerte de Lempira, aunque sea con toda serenidad, hay que levantar el espíritu y ver, no a un hombre, sino a un héroe, colocado en lo alto de Cerquín, como una estatua que enseña un pasado y un porvenir", escribe Lunardi.

El sacerdote italiano también señala que: "Lempira, el héroe nacional, no es figura legendaria, como se había creído, aun por espíritus cultos guiados por la luz de algunos historiadores del siglo pasado, los cuales no bien comprendieron el único relato que nos ha quedado auténtico sobre el caudillo hondureño".

Cuando Lunardi publicó Lempira, el héroe de la epopeya de Honduras en 1943, durante la dictadura del general Tiburcio Carías Andino, el historiador Mario Felipe apenas tenía once años y corría por las calles de Comayagua sin imaginarse el aporte que haría con un descubrimiento del que se sigue hablando hasta el día de hoy.

"La descripción más detallada que se conoce, referente a Lempira, es la de Antonio de Herrera (Historia General de los Hechos de los

Castellanos en las Islas y Tierra Firme del Mar Océano, Década VI, Libro III, Cap. XIX); pero él escribió en España y nació alrededor de 1549, es decir, unos diez años después de que todo había concluido. No se sabe de dónde Herrera haya podido extraer las noticias que ofrece", dice Lunardi.

Lunardi creía que Herrera tuvo seguramente a la vista las cartas, algo interesadas e incompletas, del Adelantado don Francisco de Montejo y del Obispo Licenciado Cristóbal de Pedraza, los cuales escribieron al Rey de España inmediatamente después de los sucesos; pero ellos no estuvieron en el teatro de la guerra, aunque sí oyeron las relaciones de Alonso de Cáceres, de los soldados españoles y de los indios viejos, algunos de los cuales, probablemente, acompañaron después al mismo Montejo.

"Debe existir en el Archivo de Indias o en alguna otra parte algún documento inédito, alguna fuente todavía desconocida, que aprovechó Herrera", expuso Lunardi. Y vaya que sí lo había.

Como se sabe, el doctor Martínez Castillo descubrió en el Archivo General de Indias en Sevilla, España, el documento Probanza de Méritos de Rodrigo Ruiz, fechado en 1558.

Según ese documento, Lempira (o Elempira) murió en combate directo contra el conquistador español Rodrigo Ruiz. De esa forma, Martínez Castillo confirmó la existencia histórica de Lempira y aportó datos reales sobre la resistencia y muerte del cacique durante la conquista española.

El libro de Lunardi se puede leer, entonces, como una primera parte y la del doctor Mario Felipe Martínez Castillo, como la segunda.

Para finalizar, Colección Erandique agradece al personal de la Colección Hondureña del Sistema Bibliotecario de la Universidad Nacional Autónoma de Honduras (UNAH) por el apoyo y asistencia profesional que nos brindó para que este libro pudiera volver a manos de los lectores ochenta y dos años después de su primera publicación.

ÓSCAR FLORES LÓPEZ/EDITOR COLECCIÓN
ERANDIQUE

DEDICATORIA

Excelentísimo Señor Presidente de la República,
Doctor y General
Don Tiburcio Carías Andino,
Promotor de todas las artes en Honduras
y
a su Dignísimo Colaborador,
Licenciado Don Salvador Aguirre,
Secretario de Relaciones Exteriores.

Munificentísimo hijo de Comayagua.

DOS PALABRAS NECESARIAS

Raíz de mi visita a los lugares de Lempira (subí al Peñón de Cerquín, el 7 de mayo de 1941), publiqué unas breves impresiones en el diario "La Época".

Inmediatamente, las eminentes personas que dirigen la "Revista del Archivo y Biblioteca Nacionales" me rogaron escribir algo, también, para la "Sociedad de Geografía e Historia".

Prometí de muy buena voluntad y, efectivamente, salió el primer capítulo en el Tomo XX, Núm. 10 del 31 de julio de 1941, dándosele el primer lugar.

No me di cuenta, entonces, en qué tamaña obra me había metido, porque pensaba que con pocas páginas podría salir airoso.

Han pasado casi dos años, teniendo que entregar, cada mes, mi trabajo, que a veces llegó a hacerse algo oneroso, especialmente al principio, cuando se publicaban solamente dos o tres páginas mensuales.

Pero la demora salió en favor del estudio que emprendí, porque me obligó a meditar más, y así me surgieron nuevas orientaciones y descubrimientos tan oportunos, a los cuales nadie, anteriormente, había pensado.

Sólo así pude escribir capítulos como los que se refieren a la fundación de Gracias, al Señorío de Lempira, a los acontecimientos que antecedieron y siguieron a la muerte del Caudillo, al lugar donde cayó, diverso del lugar donde después murió y a su tumba, como también el novísimo y original capítulo sobre el Fin del Mundo Maya al tiempo de Lempira.

Es verdad que la demora ha sido, también, la causa de algunos pequeños defectos que he procurado corregir en el "Apéndice II" y en "Correcciones y Adiciones", puestas al final, pero la Ganancia hecha en el ámbito de nuevas concepciones acerca del momento histórico de entonces, que va despertando cada día más interés, me gratificó con usura los desvelos.

Quedo por agradecer al señor Presidente de la "Sociedad de Geografía e Historia de Honduras", Dr. y Prof. Esteban Guardiola, que me favoreció con toda la amplitud para escribir sobre un tema tan difícil, y a su digno colaborador y Tesorero del dicho Instituto, del cual, también, soy miembro, Dr. y Profesor don Félix Salgado.

Agradezco al señor Director, don Constantino S. Ramos, y Colaboradores de los Talleres Tipográficos Nacionales; al señor Profesor don Jesús Aguilar Paz, al Profesor D. Ernesto Alvarado García, al Profesor D. Pedro Rivas, al señor Dr. D. Julio Lang, al Reverendísimo Sr. Canónigo Basilio Gómez, que me sirvió mucho para la corrección del trabajo, y, en general, a todos los buenos amigos y personas condescendientes, que con su favor y su voz unánime, me animaron a continuarlo y llevarlo a buen término.

Doy, en fin, gracias por el gran favor prestado, al Excelentísimo Mandatario, Dr. y General Tiburcio Carías A., y a su dignísimo señor Secretario de Relaciones Exteriores, Dr. Salvador Aguirre, los cuales bien merecen les dedique este humilde trabajo, que no tiene ninguna otra pretensión sino colaborar con un pequeño grano de arena a la construcción del bello edificio de la GRAN HONDURAS.

HISTORIA Y LEYENDA

La estatua broncínea que en la Plaza Mayor de Erandique figura a Lempira en acecho, pronto con su arco y su flecha a lanzarse contra el invasor extranjero, trae a la memoria tantos otros personajes legendarios que los indígenas americanos consagraron como seres semidivinos en sus estatuas, en sus decoraciones, en sus leyendas.

Pocas y algo vagas son las notas que del Cacique Lempira nos dejaron los escritores antiguos.

Piraera, el Congolón, Piedra Parada, Cerquín, Coyocutena, el Cerro del Broquel, son lugares que, siendo casi inaccesibles, han quedado envueltos en misteriosa leyenda.

Refrescar una pintura antigua y reavivar los bellos colores de una epopeya oscurecida por el velo del tiempo ha sido siempre cosa ardua. Sin embargo, ya que, venciendo dificultades sin número, he tenido la dicha de respirar el aire puro de la cumbre del Congolón y escalar las empinadas cimas de Cerquín y Coyocutena, admirando todo el inmenso teatro de la gran epopeya, siento ahora una satisfacción inmensa en poder comunicar a otros, más interesados aún, las profundas y gratas impresiones que recibí al visitar esos lugares que recuerdan a Lempira.

Además, comparando los relatos históricos con el lugar donde se desarrollaron los hechos, será acaso posible levantar el velo de la leyenda y reponer las cosas dentro del marco de la verdad.

LAS FUENTES HISTORICAS

Es lástima que los escritores primitivos no conocieran sino de referencia y algo vagamente el teatro de los acontecimientos.

La descripción más detallada que se conoce, referente a Lempira, es la de Antonio de Herrera (Historia General de los Hechos de los Castellanos en las Islas y Tierra Firme del Mar Océano, Década VI, Libro III, Cap. XIX); pero él escribió en España y nació alrededor de 1549, es decir, unos diez años después que todo había concluido.

No se sabe de dónde Herrera haya podido extraer las noticias que ofrece.

De ordinario, él toma como fuente de su historia a Las Casas; pero, a pesar de que Las Casas estuvo en Gracias, más o menos al tiempo de los episodios de que estamos tratando, y en Chiapa tuvo contacto con Montejo y probablemente con algunos que estuvieron en Cerquín, sin embargo, no aparece que haya escrito sobre el particular, ya que su Historia, que ha sido publicada solamente en estos últimos tiempos, no llega hasta 1537, y no sabemos si se han quedado algunos capítulos sin publicar.

Herrera tuvo seguramente a la vista las cartas, algo interesadas e incompletas, del Adelantado don Francisco de Montejo y del Obispo Licenciado Cristóbal Pedraza, los cuales escribieron al Rey de España inmediatamente después de los sucesos; pero ellos no estuvieron en el teatro de la guerra[1], aunque sí oyeron las relaciones de Alonso de

---

[1] Esta afirmación subsiste, aunque Montejo, en la carta al Rey, de 19 de junio de 1539 (Cfr. tomo 2, con duplicado en tomo 24, de la Colección de Documentos Inéditos de América y Oceanía, Madrid, 1875. – De aquí se copiaron las mismas cartas publicadas en el Tomo IV y Tomo VI de la Revista del Archivo y Biblioteca Nacionales de Honduras) diga:

"... e fuí por aquella provincia de Cargín, que ya estaba de paz, y della y de las provincias comarcanas, saqué mil e quinientos amigos muy bien aderezados e muy buena gente, e fuí por todos los términos de esta cibdad, y por todo lo que estaba de guerra..."

La impresión es que Montejo habla siempre en términos vagos de la provincia de Cerquín y de la topografía en general; por lo tanto, de su relación, la cual ofrece más dificultades de interpretación, no se puede sacar una idea clara de la topografía del teatro de la guerra, y, por las palabras citadas arriba, no aparece claro por cuáles

Cáceres, de los soldados españoles y de los indios viejos, algunos de los cuales, probablemente, acompañaron después al mismo Montejo.

Con todo, este Adelantado da apenas una idea vaga de Lempira, con decir: "Un señor que no se pudo haber"; y Pedraza, sin nombrarlo, parece que se refiere a su muerte, cuando hace mención de "una cierta industria que ordenaron" los españoles para expugnar el peñol.

Tampoco dan muchos detalles los testigos que hablan en la información (inédita) de méritos y servicios de Alonso de Cáceres, que he tenido a la vista por favor del señor Licdo. Ernesto Alvarado García.

Debe existir en el Archivo de Indias o en alguna otra parte, algún documento inédito, alguna fuente todavía desconocida, que aprovechó Herrera. El origen, en parte español y en parte indio, de ella o de ellas, es revelado por lo que se dice acerca de lo que ordenó Alonso de Cáceres (de parte española), y por algunas palabras (de parte india) contenidas en la descripción del historiador Herrera, que repite: "lo que certificaron indios viejos", que estuvieron seguramente con Lempira y pudieron relatar que "el día antes anduvo muy triste"; relato que no puede ser de un castellano, sino de un indio que defendió el peñol de Cerquín.

Fuera de estas fuentes, los historiadores que escribieron posteriormente sobre los hechos de Lempira, con escasas excepciones, por lo general tuvieron a la vista casi exclusivamente lo escrito por Herrera, cuando pudieron tenerlo a la mano; o por las dificultades de compulsar documentos, se conformaron con repetir con menos palabras lo que otros habían narrado. Así, no pudieron dar el brillo necesario a los hechos, que seguramente son dignos de mucha gloria.

---

partes de la provincia de Cerquín anduvo, para sacar "mil e quinientos indios amigos".
– N. del A.

ÉPICA FIGURA DE LEMPIRA

LEMPIRA, más conocido por su trágica muerte que por los hechos de su vida, descuella entre las figuras de los defensores de la propia patria al tiempo de la conquista.

Lempira es uno de los ejemplares más puros de patriotismo; fuerte, atrevido, inteligente, sacrificó su vida por amor a la libertad de su suelo y de su gente.

Cierto, su gloria apareció mucho más sublime que la de sus compañeros de armas; pero, tanto estos, como también los españoles que pelearon como seres más que humanos en la conquista de Cerquín, no fueron menos dignos de atención.

Hecho indigno fue la muerte dada por traición; puede ser que la desesperada situación en que se encontraron los sitiadores y el desprecio con que Lempira los trataba, hasta dar muerte a dos mensajeros de paz, ocasionaron la inconsulta determinación. En aquel tiempo no son raros hechos semejantes, que han sido reprochados después. Era el mal del siglo.

No obstante esto, defensores y asaltantes fueron tan esforzados, que todos los que al mismo tiempo esperaban el resultado de los hechos, los miraban con asombro; los indios comarcanos, porque tenían por imposible la conquista del peñol de Cerquín y esperaban el momento de lanzarse sobre los españoles; los otros, porque la consideraban como cuestión de vida o de muerte.

Para no tener duda, basta leer la carta de Pedraza, donde dice:

"... especialmente el dicho peñol de la provincia de Cerquín, donde fue el dicho Juan de Chaves, que no pudo ganar, la más fuerte cosa que en cristianos, ni alarves, ni moros, ni turcos, se han visto, según he sido informado por las personas que en él se hallaron, de los cuales muchos de ellos se habían hallado en Italia y en Turquía y en otras muchas partes de cristianos y moros, y me dijeron que nunca cosa tan fuerte vieron, ni se esperaba ver, y en la verdad, según todos dicen, es la cosa más fuerte del mundo; el cual dicho peñol es en los términos de esta dicha ciudad, en el cual, como tengo dicho, estaba la más parte de toda la tierra hechos fuertes en él, con muchas armas y bastimentos para muchos días, y con sus mujeres e hijos, y en solo ganarse o dexarse de ganar estaba el bien o mal, muerte o vida, de toda esta tierra porque toda ella estaba puesta en un peso, y a muchos peligros de todos los españoles de la dicha cibdad, villas y lugares della, que a no ganarse fueran todos muertos y destruidos, porque los naturales de los otros pueblos que estaban de paz, no esperaban otra cosa sino ver en qué paraba el dicho peñol, y si los españoles no lo podían ganar, para dar unos por una parte y otros por otra en ellos y matarlos a todos que no quedara hombre a vida, lo cual pudieran muy bien hacer, y plugo a Nuestro Señor que se dio tan buena maña el dicho capitán (Alonso de Cáceres) con los dichos españoles que con él estaban, que peleando con los dichos indios muy valientemente y con muy grande ánimo, le subieron hasta lo alto del dicho peñol y se lo ganaron, siendo una infinidad los dichos naturales indios, y ellos casi ochenta cristianos, y siendo el dicho peñol casi hasta el cielo, tan derecho, según dicen, como una lanza, sin camino ni parte ninguna por donde pudiesen subir, ni se lo pudiesen ganar sino por cierta industria que dieron, que ellos hoy en día no saben cómo subieron, sino que fue Dios con ellos que les quiso ayudar, y su bendita Madre y esta fue una de las grandes obras de Dios que en estas partes han acontecido, porque fue más divina que humana, que antes me acorto que me alargo; en el cual dicho cerco estuvieron seis meses peleando a todas las horas de noche y de día con los dichos indios, sin descansar ni quitarse las armas, ni casi dormir acostados, sino en pie cuanto cerraban los ojos, que como los dichos indios eran muchos, en todas las horas de la noche y de día no dejaban de darles guerra, porque con la multitud de ellos, descansaban los unos y peleaban los otros, y los dichos españoles, como eran pocos, no podían pelear sino todos juntos, porque tenían más cerca la muerte que la vida".

"Y en esto podrá pensar Vuestra Magestad qué fuerzas pudieran bastar, especialmente no teniendo de comer, que como toda la gente de los naturales de todos los pueblos estaban allí, no había en pueblo ninguno un tan solo grano de maíz, ni otra cosa ninguna para comer, sino que con solas hierbas cocidas que hallaban por los campos, aun sin sal, y otras malaventuras, se pasaban, por temor de no ser muertos; sacaban fuerzas de flaquezas y se sostenían, y Dios que les ayudaba, y estando casi ya que no podían soportar la vida que tenían, todos cayéndose de hambre y de trabajos y mala ventura, sin esfuerzo ni fuerzas, y siendo desamparados, ahora quiso Dios darles un nuevo ánimo, porque se aventuraron ciertos por cierta industria que ordenaron, aventurándose más para morir que para salir con la empresa, y Dios que les ayudó, subieron arriba y ganaron el dicho peñol, y en verdad, según he sido informado y bien informado, Vuestra Magestad les debe toda merced que les haga, y así se lo suplico a Vuestra Magestad se acuerde de todos ellos para hacérsela, porque lo han trabajado mucho bien y son dignos de todo premio y galardón; y esto es todo lo que pasa cerca deste caso, a la letra, según mejor he podido averiguar de entre personas de fe, dignas y sin pasión…".

(Carta relación del Lic. Cristóbal Pedraza, con fecha Gracias a Dios, 18 de mayo de 1539. Archivo de Indias, est. 63, caj. 6, leg. 9. Publicada en Relaciones Históricas de América, por la Sociedad de Bibliófilos Españoles, Madrid, 1916, págs. 158-59).

Ahora, que un puñado de valientes se hubiese atrevido a pensar que vencerían a un ejército de 30.000 indios, bien aguerridos, situados en fortalezas inexpugnables y con muchos mantenimientos; y después de haberlo pensado, ponerlo en obra y colocarse en un territorio donde todo era enemigo, elementos y hombres, escalar los peñascos y vencerlos, esto significa tener alma de héroe.

Por otra parte, los indios que defendían su suelo sabían que los invasores, aun siendo pocos, usando armas desconocidas y homicidiales, habían sometido a otras gentes más numerosas y más aguerridas; no obstante, animados por Lempira, se atrevieron a combatir contra estos hombres a los cuales consideraban como bajados del cielo, y fortalecidos en sus peñoles, confiando en la victoria, lucharon como leones. Lucharon cuanto pudieron. Fueron héroes también.

Lempira cayó frente a lo inesperado. Cayó dignamente. En pugna singular no habría muerto.

Pero, había héroes en uno y otro bando.

Por lo tanto, sin el episodio de la muerte del caudillo, hubiese sido la lucha más larga. Pero la avalancha de la conquista era fatal y lo hubiese, más tarde, arrollado.

LA TOPOGRAFÍA Y LOS HECHOS

ANTES de entrar a examinar los hechos, creo necesario poner a la vista el terreno en donde se desarrollaron los acontecimientos, ya que sin esto es imposible comprender el episodio que culminó con la muerte del Cacique Lempira, con lo cual terminó la guerra y comenzó la lucha por la vida colonial.

EL TEATRO DE LA EPOPEYA DE CERQUÍN

Según Montejo, la provincia de Cerquín comenzaba a unas diez leguas al Sur de la ciudad de Gracias a Dios, más o menos desde alturas de Santa Cruz hasta el río Lempa, actual confín con El Salvador.

Para tener a la vista el panorama de todo el teatro donde Lempira y los Castellanos desarrollaron la lucha titánica, yo me figuro un inmenso óvalo orientado de Norte a Sur, contorneado de altísimas crestas de montañas y, en medio, ocupando el espacio, la figura de un león gigantesco de gran cabellera, en acecho hacia el Sur.

Un observador que se colocase en las alturas de Santa Cruz, en donde todavía se conserva un importante grupo de antiguos indios, vería como un extenso fleco de fuentes de aguas salir casi a sus pies y derramarse por los lados de la figura leonina, yendo a formar dos grandes y caudalosos ríos que bajan impetuosamente por territorio fragoso, encajonados entre abruptas montañas erizadas de peñascos.

La corriente oriental es el Río San Juan, que al unirse con el Río Negro toma el nombre de Guarajambala, el cual, antes de entrar en el Lempa, recibe como afluente derecho al Río Jupual, que nace por Erandique.

Precisamente este Río Jupual y sus numerosos tributarios fueron testigos de la magna epopeya.

La otra corriente del oeste, menor en importancia histórica, está formada por el Río Mocal, que, como el Guarajambala, entra en el Río Lempa; este último cierra la gran corona del épico territorio.

Santa Cruz, elevada a unos 1.865 metros sobre el nivel del mar, es como un nudo desde el cual salen como dos inmensos dientes de tenazas, que encierran la región que se está describiendo. El borde oriental está formado por las altísimas y macizas montañas de Opalaca, que llegando del Norte, se levantan a más de 2.000 metros en el Pacaya y 1.990 metros en el Pelón de Yamaranguila, que se yergue al Oeste de la ciudad de La Esperanza e Intibucá, asiento, este último, de otro fuerte grupo de indios, históricamente importante, que desde antiguos tiempos habitaron la región.

Al Sur, cierran el paso hacia El Salvador los altos cerros que caen sobre el río Lempa; en ellos tienen su asiento la histórica Piraera, de donde salió la chispa de la rebelión de Lempira.

Por el borde Occidental corre la sierra de Tambla, originada de grandes desprendimientos de la altísima sierra de Celaque, cuyas crestas, de más de 3.000 metros sobre el nivel del mar, son de las más elevadas de Honduras. Sus escarpadas laderas contienen las poblaciones de Tambla, Tomalá, Guarita, Valladolid, y van a caer sobre la llanura en donde está asentada La Virtud, cerca de la cual, en el mismo límite con El Salvador, aprisionada entre peñascos, se encuentra la famosa cueva que se conoce como "La Fuente de Sangre."

Desde Santa Cruz se desarrolla, entre los ríos San Juan y Mocal, el cuerpo del imaginario animal, formado por las montañas que tienen relación con la sierra de Celaque. Viene primero la montaña de Erandique, llamada El Carrizal, desde cuya cumbre, de más de 1.810 metros, se puede admirar todo el gran teatro de la guerra de Lempira. La montaña de Erandique continúa hacia el Sur con el nombre de sierra de Azacualpa, sobre la cual, a más de 1.470 metros de altura, pasa el camino real que llega hasta la soberbia cumbre de Congolón, que, como fantástica cabeza leonina, descuella entre las otras de la región, elevándose a 2.065 metros de altura.

La cima del Carrizal es como un balcón, desde donde el observador ve blanquear la ciudad de Erandique en un pequeño y ameno valle, entre las dos cabeceras del Río Jupual, mostrando en su plaza mayor la estatua broncínea de Lempira como acechando al enemigo.

Al Oriente de este río, detrás de pequeños cerros, se extiende el valle de San Antonio, en donde se acamparon con su cuartel general los españoles, que con los indios amigos sufrieron por cinco meses y ocho días infinitas penalidades. Adelante de este valle, hacia el

Suroeste, van los paredones abruptos, cortados a plomo, de El Barrancón, del cerro del Pinal y de Coyocutena, altísima pirámide truncada, empinada hasta 1.270 metros, en donde se encuentran las ruinas que son apellidadas "Las casas de Lempira." El cerro del Pinal se une al Coyocutena por una estrecha y baja faja; este a su vez, se une de igual manera al Tecuerenche; y las tres cumbres, como si fueran los dientes macizos de un gran horcón, se yerguen majestuosas, aisladas de todos los demás cerros y se ven de todas partes del inmenso teatro que estamos describiendo.

Al Suroeste del Coyocutena, se levanta hermosa y soberbia la cima altísima del macizo del Congolón; entre este y Coyocutena, en línea recta, está en forma de grupa de caballo, aislado también, el inexpugnable peñón de Cerquín, el más fuerte centro de operaciones de Lempira.

Entre Cerquín y la cumbre del Congolón está la "PIEDRA PARADA," en un portillo que se forma para salir de la última altiplanicie, toda rodeada de abismos, sobre la cual, como sobre un gigantesco pedestal, se asienta, como señora, la más alta cumbre.

Al Sureste del Congolón, como eslabón inferior de la misma montaña, siempre bien elevado, se ve el cerro del Broquel, sobre Gualcinse. Frente a este, en las faldas de la montaña que forma como un semicírculo, dejaron los antiguos la PIEDRA DE LOS SACRIFICIOS DE QUELEPA; finalmente, en el fondo del valle, que se extiende hacia el Oeste, pasado el río Mocal, se halla el cerro aislado de Guacalapa, probablemente otra fortaleza de Lempira, y más al Occidente todavía, en las faldas de la sierra que baja de Valladolid a La Virtud, la conocida "Piedra del Tigre."

He aquí el cuadro que me he esforzado en pintar al vivo, para mejor comprender lo que costó la defensa y la conquista de este jirón importante de la naciente Honduras.

EL VALLE DE SAN ANTONIO

En Erandique la tradición dice que los españoles se acamparon, con su cuartel general, en el valle de San Antonio.

Este valle está situado al Oriente de Erandique, pasada la cabecera del río Jupual y unos cerritos inmediatos.

Todo rodeado de escarpados cerros, este valle tenía al frente, por el Sur, el peñón aislado de Coyocutena, y al Oeste, un poco al Sur, los paredones sobre los cuales se asienta "EL BARRANCÓN", altiplanicie fragosa que conduce a Coyocutena y que en la parte Occidental forma una cuenca, en donde, según el poeta Cisneros, se dan frutos de tierra caliente, al paso que en Erandique se dan de tierra fría.

En este valle malsano, establecieron los españoles el cuartel general para sitiar a Coyocutena, Cerquín y los demás cerros del Congolón, sitio que duró seis meses (en realidad cinco meses y ocho días, según un testigo ocular).

Por la misma tradición y por lo que se lee entre líneas en la carta de Montejo y en la de Pedraza, sufrieron varias derrotas, más o menos, en la serranía de Azacualpa, por lo alto de la cual pasa el camino real que guía a Cerquín y al Congolón. Desde lo alto de Azacualpa (1.470 metros) los españoles podían darse cuenta de todos los movimientos de Cerquín (1.380-1.400 metros) y de Eguate (nombre que los provincianos pronuncian como si dijeran "El Guate"), como también de los de Coyocutena y de la parte Oriental del Congolón.

Parece, pues, que Azacualpa fue la llave del peñón de Cerquín y de todo el Congolón; la cima de este último y sus dependencias inmediatas tenían su acceso por el Portillo de Piedra Parada, situada en la parte Oriental. Desde el cuartel general no era difícil poder acudir en breve tiempo a estos lugares.

En todos estos cerros existen altas llanuras, a las cuales, por la serranía de Azacualpa, se podía llegar más o menos fácilmente, y en donde los españoles podían hacer jugar con gran ventaja la caballería, cosa que no dejaban nunca de hacer, atrayendo a los indios para que allí pelearan y los pudieran fácilmente vencer.

Como se dirá a su tiempo, era táctica de los españoles tomar las alturas para dominar al enemigo y prevenir las sorpresas.

En las montañas, al Oriente del valle de San Antonio, residían los Cares, enemigos con los cuales Lempira, "para esta guerra se pacificó y confederó" (Herrera, Década VI, 1, III, c. IX); estos y otros eran los que estaban a la expectativa de los acontecimientos, para echarse sobre los extranjeros y eliminarlos.

COYOCUTENA

Desde muy lejos, desde todas partes se ve aparecer el peñón de Coyocutena como una pirámide truncada, acompañada de otros dos peñones más bajos y de igual forma, el cerro del Pinal al Norte y el Tecuerenche al Sur, íntimamente ligados uno con otro por una estrecha faja de nivel inferior, formando una tríada inseparable, que nadie puede equivocar.

Desde Erandique, por el camino nuevo que pasa por lo alto del Barrancón, se llega en dos horas al borde del cerro del Pinal (1.160 m.), frente al peñón de Coyocutena.

Ya en este punto afloran sobre el suelo pedregoso algunos rastros de cimientos antiguos, de arranques de casas con piedras alineadas, especialmente uno que tenía su larga fachada perpendicular al frente de Coyocutena, siendo posible que aquí hayan acampado los españoles, construyendo su defensa contra el enemigo.

Para subir a la cumbre de este peñón, es necesario bajar por más de 50 metros la fuerte pendiente del Pinal y, después de haber caminado unos cien metros sobre la estrecha faja o cuchilla que une un peñón a otro, se llega a la esquina Norte del Coyocutena, por la cual hay que subir trepando, porque es muy empinada, a pesar de ser casi la única parte por donde se puede subir menos difícilmente.

En la subida se encuentran varios restos de defensas, que consisten en hacinamientos de piedras, como muros de retención o de defensa artificial, en forma de pequeños descansos longitudinales de tres o cuatro metros de largo, para impedir la subida al enemigo.

Una hora y media cuesta la subida hasta la cumbre, antes de la cual se encuentra una especie de descanso, como cornisa natural que la corona en derredor, sobre la cual existe todavía un estrechísimo camino antiguo; y tanto de un lado como de otro de este camino, quedan los arranques escalonados en andenes de antiguas habitaciones, que seguramente fueron las que, al llegar los españoles, construyeron los indios, "que todos estaban despoblados y rancheados en asperezas de sierras", según refiere Montejo en su carta del 1° de junio de 1539.

En estas, que son conocidas vulgarmente como "Las Casas de Lempira", en la parte Oriental, encontré a flor de tierra restos de ollas de hechura muy tosca, de barro malo y muy mal preparado, seguramente por la prisa de hacerlo y por la inexperiencia; además, muchos fragmentos de cuchillos de obsidiana. Encontré en ese mismo lugar una media bala de piedra, como de cañón; me vino la duda de que fuese natural y la dejé; el repentino hallazgo no me dio tiempo para averiguar si Cáceres había llevado algún tiro de artillería, y pensé entonces, como también ahora, que no lo tenía, ya que los documentos son negativos, y porque, de otro modo, la guerra hubiera tomado otro rumbo. Si esta bala sea de artillería y si pertenezca a otra guerra o revolución, como a la de 1826-27, en la que actuó Donaire (Cfr. N. 1° de la Revista del Archivo), no puedo decirlo.

La alta cumbre, que se eleva a 1.270 metros sobre el nivel del mar, forma un ángulo casi recto en el NE., yendo un lado hacia el Oeste y el otro hacia el Sur, siendo cada lado de una estrechura de unos quince metros y de unos cien metros de largo.

Los trabajos y restos de caminos se encuentran principalmente en el lado Oriental y en la parte Sur.

En el lado Oriental, los restos de casas están colocados en dos o tres andenes; en la parte Sur, se encuentran los restos de cimientos de un gran edificio de unos veinte metros de largo por unos seis de ancho, con muro de retención en el primer descanso, bajando hacia el Sur (Alt. 1.260). Desde aquí el peñón va bajando rápidamente en andenes hasta donde, por una estrecha faja, el Coyocutena se une al Tecuerenche, llamado también "Ojo de Agua", por una fuente que debe haber allí.

El caminito que hemos visto al Oriente continúa hasta este gran edificio, desde donde se desdobla un buen camino del tiempo de Lempira, que subsiste todavía, de unos dos metros de ancho: un ramal va en la falda Occidental del Tecuerenche y el otro va bajando hacia el río Jupual por la ladera Oeste del mismo Coyocutena.

El hecho de que los restos de casas no están en la misma cumbre sino más abajo, obedeció a que debían defenderlas de los vientos y de los aguaceros.

Los cimientos son bajos; no aparecen como los calpules de tipo perfecto maya, los cuales, aun los más pequeños, son elevados por lo menos un medio metro del suelo y forman como un tronco de pirámide. Los cimientos de Coyocutena, al contrario, se presentan principalmente como pequeños muros de retención, con pequeñas explanadas apoyadas a otro muro de retención, en donde se ven piedras alineadas. En los lugares donde no hay necesidad de muro, quedan pocas piedras alineadas que indican el sitio de la antigua casa.

Por lo tanto, se debe pensar que no fueron construidas según la costumbre de bahareque, que es característica de las casas mayas. Esto hace considerar dos hipótesis: primera, que los que construyeron estas casas no eran de tradición maya, como lo hacen pensar también los restos de ollas encontradas; segunda, que la penuria del barro y el apuro en que se encontraron les impidió seguir la regla de la construcción maya, que es el bahareque. Esta segunda hipótesis es la más probable.

Todo indica que la construcción fue de simples palos con techo y paredes de paja o de hojas; y esta debe ser la razón por la cual no se encuentran amontonadas en pirámides las piedras, faltándoles restos del bahareque, como en las casas mayas.

Debo advertir que la manera de construir, semejante a esta de Coyocutena, la he encontrado en toda la zona llamada provincia de Cerquín, tanto en Eguate, frente al peñón de Cerquín, como cerca de la cumbre de Cerquín y en el "Portillo del León", en el camino del Congolón al Azacualpa, en donde existen arranques de la misma forma, como también en el Cerro Gualacapa y en el sitio cercano llamado "La Torera" (Alt. 1.060 metros), rodeado de peñascos, ambos a poca distancia de la población de Valladolid, en el camino de La Virtud.

En el cerro Gualacapa se hallan restos de camino con muro de retención, formado igualmente de piedras unidas sin mezcla; en los dos lugares últimamente citados, se encuentran restos de ollas y manos de piedra de moler, como también piedras de rayo o sea hachitas de piedra dura; pero al mismo tiempo encontré allí pedazos de tejas antiguas y de ollas gruesas, y me dijeron hallarse monedas con cruz (españolas), con lo que se demuestra que aquel paraje fue habitado también por los españoles de la colonia. Faltaban los rastros de construcción de bahareque.

No se puede decir, con toda evidencia, si tienen la misma semejanza los muros de retención y defensa que se encuentran en la meseta de Tenampúa, que cuando llegó Francisco de Montejo al valle de Comayagua, sirvió de fortaleza a los indios que allí quisieron fortalecerse; sin embargo, me inclino a encontrarlos parecidos; pero no son parecidos los restos de templos, "tempas" y casas, que son perfectamente mayas, como todos los demás del valle de Comayagua y de Tenampúa.

COYOCUTENA debe haber sido una de las más fuertes posiciones de los indios de Lempira.

Este peñón, empinado por todos lados, parece una lanza que, naciendo en el suelo, llega hasta el cielo.

Elevado sobre los otros cerros de la región de Cerquín, desde su cumbre se pueden observar los movimientos del enemigo en todas direcciones.

Hacia el Norte tiene Erandique y el plan del Carrizal; al Oeste, las montañas de las Neblinas, la punta cónica del Yargual, la serranía de Azacualpa y el Peñón de Cerquín, y poco más atrás, el Congolón.

Al Sudoeste, Piraera y Santo Tomás. El historiador Herrera, hablando de cómo Lempira había juntado todas las poblaciones de los alrededores, dice: "Su congregación fue en la Sierra de las Neblinas; en su lenguaje Piraera, adonde estaba una gran población, cuyo señor era Entepica, que muriendo este, se dividió en muchos pueblos." (Herrera, l.c.)

Al Sudeste, "El Volcán" y el "Cerro Celpoa", dominio de Lempira, y Camasca.

Al Este, El Zumbante, El Cerro Ocotal y Santa Elena (de aquí se ve blanquear la iglesia).

Al Nordeste, el valle de San Antonio, donde se acamparon los españoles, y los cerros Tapguay y Joscamón.

Al Sur, como a seis kilómetros del cerro, hay una cueva llamada "La Cueva del Duende", donde se ven dibujos del sol, de gente, de culebras y otras cosas, hechos con color de plomo y rojo anaranjado, según relación del Dip. Leopoldo Hernández.

El peñón de Coyocutena, en el lado Sur, se une al Tecuerenche, que se ve desde Cerquín. A sus pies, en el abismo que se forma en el lado Occidental, corre el río Jupual; un afluente de izquierda, el

Gualjay, corre en lo profundo de la base Oriental y forma con el Jupual una enorme pinza que lo aprieta; el punto de confluencia de estas dos corrientes es el punto mismo en donde se desploma y muere el triple peñón de Coyocutena.

EL MACIZO DEL CONGOLÓN

EL MACIZO del Congolón se encuentra en el propio centro del territorio que se conocía como Provincia de Cerquín.

Decir Congolón es señalar toda una región formada por el bloque macizo, que, asentado entre los dos ríos, Mocal y Jupual, se levanta, poco a poco, de peñasco en peñasco, de peñón en peñón, de terraza en terraza, y culmina con la punta casi cónica, de 2.065 metros de altura sobre el nivel del mar, que asoma por todas partes. Su pleno desarrollo se contempla mejor desde el camino de Valladolid a La Virtud.

GUALCINSE Y EL CERRO DEL BROQUEL

La mejor impresión la recibí cuando, saliendo de Candelaria, la antigua Joconguera, que está perfectamente al Sur del Macizo, a 680 metros sobre el nivel del mar, emprendí el camino hacia Gualcinse, que está a 1.290 metros, y se ve tan alto que parece colocado en el cielo.

Gualcinse está dominado por el peñón cónico, que por su forma llaman "Cerro del Broquel", fortaleza en donde se encontraba una parte del ejército de Lempira y fue el último reducto que se rindió después de muerto el caudillo.

Vista de Gualsince y del Cerro El Broquel, último reducto de las huestes de Lempira, según la tradición se rindieron, al ver la cabeza del caudillo.

Una de las defensas de Lempira en el cerro Coyocutena.

TRADICION QUE SE CONSERVA EN GUALSINCE ACERCA DE LA MUERTE DE LEMPIRA

Acerca de la muerte de Lempira, recogí de la boca del Secretario Municipal de Gualcinse, señor don Pablo Rodríguez Claros, la siguiente tradición, que él recibió de sus antepasados y que se ha conservado inédita.

Mi padre, Francisco Rodríguez Castillo, era uno de los hombres más ancianos de este lugar, y yo entendí que me repetía lo que él conocía y tenía por cierto.

Me contó, repetidas veces, que por tradición había oído de los viejos, que también lo tenían por tradición, que cuando los españoles llegaron a PIEDRA PARADA o PIEDRA ALTA, inmediata al Congolón al N.E., después que allí lo mataron, como el cuerpo, de la altura de la peña en donde Lempira estaba parado, cayó abajo, de seguro destrozado, los vencedores mandaron a los mismos indios a recoger el cadáver, el que hicieron conducir hasta el lugar que se llama CORTA CABEZAS. Probablemente el cuerpo destrozado no pudo ser trasladado más adelante, y los españoles dispusieron cortarle la cabeza. Los indios regresaron con el cuerpo mutilado a la cumbre del Congolón y allí lo sepultaron.

"Ellos, llevando la cabeza de Lempira, continuaron su marcha hasta este pueblo de Gualcinse."

"El objeto de traerse la cabeza era ver si podían desalentar a los indios que estaban fortalecidos en el «Cerro del Broquel», al Sur de Gualcinse."

"Efectivamente, enviaron un mensajero a decir a los del «Cerro del Broquel» que se rindieran, ya que el Rey Lempira había muerto, y les mostraron la cabeza."

"Los indígenas, que creían que Lempira era invencible, al ver la cabeza, no hicieron más oposición y se rindieron."

Así murió Lempira, según una tradición que aún se conserva en la población de Gualcinse.

CAMINO A LA CUMBRE

Gualcinse es como una segunda grada, un descanso de la inmensa gradería por la cual se sube al Congolón.

Salidos de Gualcinse, se emprende la subida por un camino de caracol, y se sube, se sube, y nunca se cesa de subir. Entre tanto, en las vueltas se ve a Gualcinse muy abajo, con el Cerro del Broquel al lado, y atrás los volcanes, los valles y los cerros de El Salvador, que poco a poco se esfuman hasta llegar al mar, que se confunde con el cielo; y todo este paisaje desconfinado, toda esta tierra y volcanes hermosos, parecen pigmeos que se han puesto de rodillas ante el soberbio Congolón.

Durante la subida se pasa de un cerro a otro sin darse uno cuenta, pero cada cerro es tan empinado, que subiendo uno se asusta y le parece que a cada momento va a rodar para abajo.

EL PORTILLO DE CORTACABEZAS

Se llega finalmente al Portillo de Corta Cabezas, que es en donde dice la tradición que a Lempira le fue cortada la cabeza.

Este portillo da entrada al último gran descanso, inmensa explanada en donde se mira en toda su plenitud la última mole del Congolón, de base casi cónica alargada, con su cumbre cubierta de altísima vegetación en la parte Norte, y pelada en la del Sur, y todavía tan alta, que parece no se llegue nunca a escalar.

El camino continúa desde el Portillo de Corta Cabezas hasta el Portillo de Piedra Parada, y estos dos portillos son los únicos por los cuales se entra y se sale del Congolón.

En la dicha altiplanicie, y precisamente al pie del soberbio cono, existe una laguna adonde el ganado va a satisfacer su sed.

Rodeando el gran cono y tomándolo en camino terciado, se sube todavía hasta que se encuentra un gran bosque de altos árboles, que, como hermosa cabellera, corona en el Norte la cabeza del cerro.

Finalmente, siempre subiendo, se llega a la cumbre, cuya cima de superficie curva no es más amplia de una media cuadra.

Aquí, mirando al Oriente, está una gran cruz de madera; un poco al Norte, un galpón abierto sirve de refugio a los que se atreven a llegar hasta la cima hermosa, de donde se contempla todo un mundo; inmediato está el bosque, que termina en profundos precipicios.

En el centro de la cumbre, desde abril de 1941, un monumento sostiene el busto broncíneo de Lempira, mirando al Norte, con su capacete encimado de plumas y el carcaj lleno de flechas. En la base del monumento, un arco tendido está pronto a disparar un dardo.

Lempira se encuentra aquí en el centro de sus dominios.

PIEDRA PARADA

Bajando la cima del Congolón y atravesando la altiplanicie rodeada al E. por los históricos cerritos Siguanera, San Lorenzo y Piedra Pacha, que del lado de adentro parecen insignificantes y por afuera son horrorosos peñascos, se atraviesa el río Copantillo, que nace allí mismo, y se llega cerca del Portillo de Piedra Parada.

Esta, que se llama también Piedra Alta, se presenta aislada y en la forma de un pequeño pan de azúcar, como de 12 metros de altura; va alargándose por detrás y desaparece en el terreno que sube hasta el portillo, pasado el cual, todo afuera es precipicio.[2] Una fuerte

---

[2] Había ya escrito lo que antecede, cuando me di cuenta de dos hermosas descripciones de los lugares de Lempira. Una se debe a la pluma del honorable señor Diputado J. Vicente Cáceres, en aquel entonces Director de la Escuela Normal de Occidente, en La Esperanza. Del 12 al 19 de septiembre de 1915 llevó 35 alumnos normalistas, acompañados también por el señor Subdirector, Profesor don Jesús Aguilar Paz y otros profesores. EL LIGERO RELATO fue publicado en la "Revista del Archivo y Biblioteca Nacionales". Tomo VII. No VI y VII. Pág. 175 y 202.

Los excursionistas llegaron en un día y medio a Erandique. Son interesantes los datos de esta excursión, especialmente para aclarar la facilidad con que los españoles podían atravesar a Honduras. De Erandique, los excursionistas se dirigieron a Piedra Parada, al Congolón, a Cerquín, Coyocutena, y de aquí, en otro día y medio, a pie, regresaron.

Otro informe muy interesante, con el nombre "LAS FORTALEZAS DE CERQUÍN", es dado por el honorable Diputado Jesús B. Membreño, entonces Director del Colegio en Gracias. El 16 de julio de 1927, para dar cumplimiento a un oficio del Ministerio de Instrucción Pública, llevó en excursión a 26 alumnos, visitando Cerquín, el Congolón, Piedra Parada y Coyocutena. (Cfr. "Revista del Archivo y Biblioteca Nacionales." Tomo VII. No 7. Pág. 205.)

Es necesario avisar al lector que las dos bellas relaciones tienen, en algún caso, puntos de vista diversos. Mientras el honorable señor Cáceres acepta la versión de la muerte de Lempira en Piedra Parada, el honorable señor Membreño no la considera posible y la pone, según otra tradición, en el Peñón de Cerquín.

tradición reza que aquí, sobre la PIEDRA PARADA, se presentó Lempira cuando fue alcanzado por el arcabuz.

Seguramente esta tradición se presta admirablemente para pintar un buen cuadro al óleo.

Sin embargo, si se examina fríamente el terreno y se compara con la descripción que da el historiador Antonio de Herrera, único que ofrece pormenores de una fuente indígena de indios viejos y de otra fuente española, como demostré al principio de este trabajo, se tiene la impresión de que no fue este el lugar en donde acaeció el hecho.

Efectivamente, dice Herrera:

Con respecto a Piedra Parada, se debe anotar que se presenta como un pan de azúcar, que de frente es mucho menos alto que en el oriente. Tanto que el señor Profesor Cáceres supo que se da nombre de Piedra Alta a la que se llama San Lorenzo, y debe acaso llamarse Piedra Alta la que a mí me dijeron se llama PIEDRA PACHA, que efectivamente es alta y el señor Cáceres no nombra; pero nombra a otra todavía, que se llama: LA TORRE DEL CAMPANARIO.

También el poeta Jeremías Cisneros ("Revista del Archivo y Biblioteca Nacionales." Tomo III. Pág. 11) pone la muerte de Lempira en Piedra Parada, en donde supone que estaba acampado. Pero se contradice y pone inmediatamente en duda esta tradición. Dice:

"La tradición discrepa, pues hay otros sitios del partido de Cerquín señalados como teatro de la catástrofe. Sería imposible esclarecer este punto y entretanto, aceptamos al aludido como el más verosímil."

En la relación citada del señor Cáceres se dan de Coyocutena algunos informes interesantes. Los excursionistas subieron desde la base occidental. Dice que en la base del cerro existen restos de antigua población, de donde parte una carretera, que en forma de espiral va a terminar a un punto en que se cree que era el palacio o el templo principal de esta población.

El señor Membreño, en la relación citada, refiere unos versos:

"Cry' cotena. Bunco de arena. Mariquiyuana. Toca la diana."

En seguida, dice: "Cuéntase que estos versos eran los versos mágicos con que el poseedor del secreto de la entrada al cerro hacía que la gran piedra que cerraba la entrada girara para dejar libre el paso."

"Es Coyocutena la fortaleza más grande y más próxima al valle de San Antonio, donde se asegura se establecieron los españoles para dar principio al sitio: es inaccesible por el lado Norte y, por los otros lados, tiene una muralla hecha de piedra... Por el lado Oriental, una segunda muralla de forma de una herradura, y desde aquí hacia la cima, una calle empedrada. Por el lado Occidental y fuera de la muralla, hay vestigios de una gran población, y era aquí donde sin duda residía el Rey habitualmente. Aquí se encuentra agua potable en todo tiempo."

"....el Capitán Cáceres ordenó que un soldado se pusiese a caballo, tan cerca, que un arcabuz le pudiese alcanzar de puntería, y que éste le hablase, amonestándole, que admitiese la amistad que se le ofrecía; y que otro soldado, estando a las ancas, con el arcabuz le tirase; y ordenado de esta manera, el soldado trabó su plática, y dijo sus consejos y persuasiones, y el cacique le respondía: que la guerra no había de cansar a los soldados, ni espantarlos, y que el más pudiese, vencería; y diciendo otras palabras arrogantes, más que de indio, el soldado de las ancas le apuntó cuando vio la ocasión, y le dio en la frente, sin que le valiese un morrión, que a su usanza tenía, muy galano y empenachado: cayó Lempira rodando por la sierra abajo, armado de aquellos sayos o correletes de algodón, basteados, muy provechosos para la guerra de indios, que usan los castellanos. Con esta muerte de Lempira, que el día antes anduvo muy triste, se levantó gran alboroto y confusión entre los indios, porque muchos huyendo se despeñaron por aquellas sierras y otros luego se rindieron".

Este relato es bien claro para considerar lo siguiente:

Dentro del Portillo del Congolón, había lugar bastante para dar cabida a gran parte del ejército de Lempira, compuesto de treinta mil indios, con sus mujeres y niños, gente que, abandonadas las 200 poblaciones amotinadas, había huido a los altos de las sierras y a los peñones.

Pero este lugar está hecho a manera de cercado: se entra por una puerta y se sale solamente por otra; por fuera es peñascoso, pero por dentro es todo fácil de conquistar.

Ahora bien: si los españoles hubiesen ya entrado por el Portillo de Piedra Parada, dentro del Congolón, ya hubieran sido dueños de todo el Congolón, y los peñascos de Piedra Pacha, San Lorenzo y Siguanera no hubiesen ofrecido, por dentro, dificultad, y por lo tanto no se hubiera efectuado, por superfluo, el episodio de la aparición de Lempira sobre Piedra Parada.

Por lo contrario, si el Congolón no estaba ya tomado por los españoles, no se ve por dónde el arcabucero hubiera podido tirar a Lempira colocado sobre la peña, porque ésta se encuentra en tal sitio que no se presta para la escena, conforme al relato de Herrera.

Finalmente, admitido que Lempira hubiese hablado desde la PIEDRA PARADA y el español lo hubiese matado con el arcabuz; la

Piedra Parada no es tan alta, ni tiene bajo de sí tal barranco, que se pueda decir, como lo dice Herrera: "Cayó Lempira, rodando por la sierra abajo," porque abajo de la Piedra Parada no hay ninguna sierra, sino suelo suavemente inclinado a menos de veinticinco grados de inclinación.

Es verdad que se podría pensar que esta expresión: "rodando por la sierra abajo" fuese una figura literaria para decir que cayó de la peña; pero tampoco esto favorece, porque, aparte de que el relato se debe a referencias de indios viejos y de españoles que habían estado de seguro presentes, se debe considerar que hay otro lugar, como Cerquín, que reúne mejores condiciones de probabilidad y proporciona a estos pormenores el sello de la verdad.[3]

CERQUÍN

Pasado el Portillo de Piedra Parada, se presenta un cuadro muy diverso: todo, afuera del Congolón, es precipicio, hasta llegar al fondo de la quebrada del Yargual, que corre al pie del Peñón de Cerquín, que está inmediato.

Tuvimos que bajar toda la ladera del Cerro Mayapaquín, por una vereda tan estrecha, inclinada y resbalosa, porque había llovido el día anterior, que fue necesario desmontar de los caballos y bajar a pie, resbalando todavía, todos, a cada rato.

Llegamos al fondo de la quebrada y subimos a la llanura de Eguate, altiplanicie que se levanta, un poco de lado, frente al espinazo occidental del Peñón de Cerquín.

La altiplanicie de Eguate se cree que era población del antiguo Cerquín o pueblo de Lempira[4], y el peñón sería el lugar del cuartel general o fortaleza principal.

---

[3] De la cumbre del Congolón al río Copantillo, una hora de distancia; de aquí a Piedra Parada, un cuarto de hora; de Piedra Parada a Cerquín, una hora y media.

4 En la región se conserva la tradición de que esta planicie fue antigua población, y los restos de calpules lo demuestran. Acerca de la relación que esta población tuvo con Erandique, no me fue posible obtener datos seguros en esa ciudad.

Membreño (Nombres Geográficos Indígenas de la República de Honduras, Tegucigalpa, 1901), a la palabra ERANDIQUE, dice:

En la parte alta de la montaña inmediata, en el Portillo del León, encontré restos de arranques de casas antiguas, que pueden ser del tiempo de Lempira, y tal vez de los sitiadores españoles, que siempre procuraban ocupar las alturas.

En la misma pequeña llanura de Eguate, toda rodeada de barrancos y precipicios a plomo, hay muchos arranques de casas antiguas, que yo observé. Unos restos notables están en el mismo camino que conduce al Peñón de Cerquín.

Consisten en una plazuela de las comunes de forma maya, con varios calpules, uno alargado que mide cerca de 25 metros, y tres calpules cuadrados, de la altura de cerca de 2 metros, uno de los cuales parece un poco natural, un poco artificial, excavado en el centro, acaso por aficionados a cavar calpules o para encontrar algún tesoro, y frente a ellos, una línea de piedras labradas, hincadas en el suelo y separadas una de otra, a manera de arranque de edificio.

Inmediatamente hay muchos más vestigios de casas y parece que esta era la población de la cual habla también Don Pedro de Alvarado.

(Repartimiento de la Ciudad de Gracias a Dios y su fundación por Pedro de Alvarado (año 1536). "Revista del Archivo y Biblioteca Nacional" de Honduras, T. IV, enero 1908, pág. 132, extraído del Tomo XV de la Colección de Documentos Inéditos de Indias, Madrid, 1875, pág. 5-30).

He aquí las palabras:

"Erandique.- Pueblo del departamento de Gracias. Antes estuvo situado al Oeste del cerro de Corquín, y hoy en una localidad plana, al pie de la Azacualpa".

De seguro debe decir Cerquín y no Corquín. Por lo tanto, según Membreño, en la planicie de Eguate estaba situada la población que después se habría trasladado a donde está ahora Erandique.

Los señores que me acompañaron a Cerquín pronunciaban "El Guate"; pero el Sr. Prof. Aguilar Paz me llamó la atención de que debe escribirse "EGUATE" y no "Guate".

Eguate no aparece en Membreño. Este autor no da tampoco Guate, aunque da Guata (La) y Guatemala. A la palabra "EUATE", dice:

"Caserío de San Andrés, en el departamento de Gracias".

No parece, por tanto, que sea el mismo lugar.

Peñafiel da "Huate-calco, la primera radical desconocida". Da también "EUAN", "palabra maya: bajado"

"A Gaspar Suárez, vecino y regidor de la dicha ciudad (de Gracias a Dios), dio y señaló su señoría, de repartimiento, la mitad del pueblo de Carquín e Yacirque, y la mitad del pueblo de Tecomat-Tepet, con la mitad de todos los pueblos a ellos sujetos, y señores y principales e indios......"

"A Alonso de Cáceres, vecino de la dicha ciudad, dio y señaló su señoría, de repartimiento, la mitad del pueblo de Arquín (seguramente Carquín, o sea, Cerquín) e Yuserquín, y la mitad del pueblo de Tecomat-Tenet, con la mitad de los pueblos a ellos sujetos, y señores y principales e indios....."[5]

"A Cristóbal Villalobos el pueblo de Congolón, con todos los señores e indios, barrios y estancias del dicho pueblo......"

EL PEÑÓN DE CERQUÍN

Pasada la antigua población que se supone de Cerquín, conteniendo restos de calpules mayas, se va insensiblemente bajando por la ladera norte de Eguate, y al poco rato el caminante se encuentra frente al espinazo occidental del Peñón de Cerquín, el cual, en este punto, se presenta en forma de Pan de Azúcar.

Una tradición muy arraigada en la región de Erandique, y que discutiremos a fondo a su tiempo, dice que aquí se presentó Lempira, cuando fue disparado el arcabuz que lo hirió en la frente.

No quiero adelantar todavía el juicio, antes de haber examinado todas las partes en disputa; pero se puede desde ahora decir que todos los elementos se presentan favorables para que se pueda creer que la escena real de la muerte de Lempira haya sucedido aquí, ya que, entre el borde de Eguate y el Pan de Azúcar del Peñón, mediando el profundo precipicio, no habrá cuarenta metros de distancia, y por lo tanto, un arcabuz podía disparar con tiro certero.

---

[5] Montejo, en otra carta de 1° de junio de 1539, se queja al Rey de que Alvarado había repartido Cerquín como si fuese pueblo, y era una provincia. Yo creo que este asunto era más bien cuestión de pleito, porque realmente en Eguate existen los restos de una población que tuvo el nombre de Cerquín, y se trasladó después a Erandique. En esta ciudad se conservó el barrio indígena al lado del de los españoles.

Además, la vereda de la ladera de Eguate está ocupada por árboles de raro follaje, los cuales, si existieron entonces, favorecieron la celada.

Todo el Peñón de Cerquín se presenta en figura de un inmenso caballo de antiguo guerrero, revestido de una gualdrapa que le cubre los lados hasta los pies, teniendo la cabeza hacia el Oriente.

Así le vemos a plomo por todos lados, y la cima formando como una cabeza en el Pan de Azúcar, y una grupa alargada con su respectiva cola.

Figuras grabadas en las lajas de la cumbre del señor de Cerquín, representando a 2 culebras enroscadas. Acaso simbolizan el tiempo, y la otra más arriba, con la cabeza hacia afuera, acaso indique una dirección.

En todo el largo serán unos trescientos metros y la altura del Peñón, que varía de Oriente a Occidente, será de 100 a 200 metros, mientras que la altura sobre el nivel del mar da cerca de 1,400 metros.

Por todos lados, sus paredones son formados de peñascos, y solamente se puede escalar colocando el pie sobre piedras salientes, que forman una especie de muy estrecha vereda de altos eslabones irregulares.

La base es algo más ancha que la cumbre, y a sus pies corren, al Norte, la Quebrada del Pavay (¿o Gualchuluca?); al Oriente, la Quebrada del Limón; y al Sur, la Quebrada de Yargual.

Desde el borde de Eguate tuvimos que bajar por un estrecho camino hasta el pie del Peñón de Cerquín y ladear éste por el Sur en todo el largo, para encontrar una posibilidad de subida, en el ángulo Suroeste.

Trepando, más a la manera de monos que de hombres, llegamos finalmente a un descanso que existe casi en la cima, hacia el Oriente.

En este descanso encontré los restos de algunos edificios, hechos de prisa, para habitaciones, para defensa y para vigía, en el mismo borde del Peñón, que allí baja a plomo por más de cien metros; inmediata está una concavidad, como alberca poco profunda, que parece sirvió para contener agua.

Piedra de moler de forma maya, encontrada por el autor en la cumbre occidental del Peñón de Cerquín. Subiendo, encontré en la cima una piedra de moler, de forma maya, pequeña, con tres pies cilíndricos, bajos. Otras dos fueron encontradas, sin pies; una la fotografié y la otra está en mi poder.

Serán puestas en el Museo, con los otros restos, como recuerdos históricos de Lempira, ya que no hay duda de que sirvieron para alimentar al Héroe y a sus compañeros de guerra.

Es posible que otras habitaciones existieran desde el descanso hasta la cumbre y a lo largo del espinazo, en donde quedan todavía restos de muros de retención, del mismo estilo de los de Gualacapa, Coyocutena y Tenampúa.

Sobre las lajas que forman el piso irregular de la cumbre, encontré grabadas con líneas y puntos algunas figuras simbólicas, representando un sol, dos culebras en espiral, iguales al grabado de la Piedra del Pial en Quelepa, de Gualcinse; figuras de óvalos divididos en 18 y 36 puntos, que observé en otro lugar; figuras de escaleras análogas a las de la Piedra de Sinsímbla (Jesús de Otoro); figuras diversas de hombres y animales, como caballos o venados, análogas a las de otras piedras grabadas de Honduras, que he fotografiado.

No es posible que sobre este Peñón de Cerquín se hayan instalado treinta mil sublevados indígenas; pero es posible que aquí haya estado el cuartel general, ya que este peñón inexpugnable está elevado y visible, en el centro de las otras fortalezas principales de la resistencia indígena.

Desde aquí se mira Coyocutena, Azacualpa, Yargual, el Congolón, Mayapaquín, la Siguanera y los otros peñascos, y Piraera, de donde salió la chispa de la revolución. Con fuegos y señales podían comunicarse los avisos y recomunicarlos a las demás fortalezas.

Aquí bien pudieron alojarse las propias mujeres para servir a los guerreros, como lo atestiguan las tres piedras de moler maíz, encontradas en la cumbre cerca de las habitaciones.

En fin, a esta fortaleza, realmente inexpugnable en aquellos tiempos, le pertenece lo que dice el Obispo Pedraza (1.c.):

"...siendo el dicho peñol hasta el cielo, tan derecho, según dicen, como una lanza, sin camino ni parte ninguna por donde pudiesen subir ni se lo pudiesen ganar."

Efectivamente, era tan difícil tomarlo, que el capitán Juan de Chávez, había intentado, antes de Cáceres, con cerca de dos mil indios terribles, rodearlo y expugnarlo, pero, según la expresión de Pedraza, "ni llegaron al pie del dicho peñol".[6]

---

[6] La relación del Sr. Vicente Cáceres, citada en el capítulo anterior, contiene algunos detalles interesantes. Dice que Cerquín se encuentra a 8 kilómetros al Este de Piedra Parada; al pie de dicho cerro está una casa, construida allí para cuidar de las antigüedades que contiene ese cerro; y que en sus extremidades existen varias cuevas: una de ellas mide 35 metros de largo por 17 de ancho, con una altura de 11 metros.

Me imagino que debe de ser la "CUEVA DEL LEÓN", que se ha formado por la caída continua de lajas, en la pared de la montaña. Aseguran que se ve la figura de un león, hecho artificialmente; me costó mucho creer que es la figura de un león, y mucho menos artificial. En la cumbre del mismo cerro está el "Portillo del León".

El Sr. Cáceres informa también que, en la cumbre de Cerquín, existe una superficie plana como de 500 metros.

"Se supone -dice- que aquí existió la capital militar de la provincia de Cerquín, porque todo demuestra que aquello sólo podía ser la residencia del ejército".

Dice que por el lado Norte pasa el Río Cerquín, con una gran catarata; que "a flor de tierra, rodando, se encontró una cabeza de un ídolo de piedra y algunas cosas antiguas más".

Alrededor de este cerro existen trincheras, y en la cima, los restos de un edificio que se cree fue el Palacio Real: tiene como cincuenta varas de largo por siete en su mayor anchura.

Cerquín tiene 1,416 metros sobre el nivel del mar y la temperatura a las 8:28 a. m. era de 19 grados" (l.c.).

La relación del Sr. don Jesús Membreño contiene otros datos, no menos importantes, aunque difieren de la anterior en algunos puntos de poca importancia.

Dice el culto Profesor que, a seis kilómetros de Piedra Parada "y en dirección S. E. se encuentra el pequeño cerro Cerquín, cortado por todos lados por gargantas profundas, rodeado de riachuelos de regular caudal y de alturas de mayor consideración que él, especialmente, la terminación del ramal llamado de Las Neblinas, circunstancias todas que, dada la época en que sirvió de fortaleza, la hacían inexpugnable. Sólo es accesible por la parte Sur, después de un trayecto como de mil quinientos metros.

En la mitad de este trayecto se encuentra una muralla, al lado de cuyas puertas están los asientos de dos grandes edificios en cuyas columnas frontales descansaba una gran piedra tallada, de forma triangular, que la mano destructora del hombre inculto se encargó de precipitar en el abismo inmediato. Es aquí sin duda el lugar destinado para las primeras guardias de la fortaleza y donde eran recibidos los emisarios.

Como a quinientos metros más arriba se encuentra un lugar, al parecer enlozado al intento, con grandes bloques de piedra tallada, y en uno de los cuales se encuentra

LOS DOMINIOS DE LEMPIRA

Cuando se habla de los Dominios de Lempira, es necesario explicar bien lo que se quiere decir, porque de tres maneras se pueden entender:

I. El Señorío de Lempira, es decir, el territorio limitado, donde Lempira tenía sujetos a los que le obedecían en tiempo ordinario.

II. El territorio donde Lempira ejercía su influencia, como aliado, como amigo o como hombre de extraordinarias condiciones.

III. El territorio compuesto por los 200 o más pueblos que se rebelaron y que, en Piraera, concedieron el mando a Lempira, quien se ofreció voluntariamente como jefe, encendiendo el fuego de la rebelión.

Es decir: Dominios de Lempira como Señor, como hombre de extraordinaria influencia, como general.

I.- SEÑORÍO DE LEMPIRA.

Squier (Honduras, Ed. Trad. Teg. 1908, c. VIII) atribuye al Señorío de Lempira el Valle de Sensenti y, a lo que parece, hasta Yamaranguila, dos leguas al Oeste de Intibucá, "que cierra el distrito

---

un dibujo que está representado por un espiral de siete espiras sobre dos ejes perpendiculares y con una orientación de N.E.-S.O.

Como cincuenta metros más al Norte se encuentran los cimientos del único edificio que, al parecer, existió en esta cima y que ocupa todo el ancho del pretil, y donde es probable tenía su residencia en tiempo de guerra el Rey, como todavía lo llaman los naturales vecinos de estos lugares.

Como cuarenta metros más al Norte, el cerro se corta a pique. Separada por una garganta como de cincuenta metros, se levanta una altiplanicie donde se ven los cimientos de la antigua 'Eguate', más tarde Cerquín, donde los españoles, se cree, pusieron sus reales.

**Del borde Sur de esta meseta a la parte Norte más saliente del cerro, habrá aproximadamente unos sesenta metros, y es aquí donde indudablemente ocurrió la memorable tragedia, pues ninguna de las otras fortalezas reúne las condiciones para que el parlamentario, sin temor ninguno, pudiera acercarse y que cupiera el alcance de un tiro de arcabuz" (l.c.).

de los antiguos jefes de Sensenti" (Apénd. III); añadiendo también lo que sigue:

"Los Chortises de Sensenti, pertenecientes al mismo grupo de los quichés, cakchiqueles, mayas, etc., que ocupaban lo que ahora es el departamento de Gracias".

A lo que parece, Squier entiende tal vez el Señorío de Lempira en el segundo sentido.

Don Rómulo E. Durón (Bosquejo Hist. 1927, c. VI) dice que, con la muerte de Lempira, se alcanzó la sumisión de la comarca, que comprendía lo que son hoy los departamentos de Intibucá, Gracias, Copán y Ocotepeque en Honduras, y algunos limítrofes de El Salvador. Habla, por lo tanto, según el sentido No II.

Para entender bien la cuestión, es necesario poner en claro las bases seguras e interpretar rectamente las partes que pueden ponerse en discusión.

La base más segura es dada por la carta que Montejo escribió al Rey, el 1° de junio de 1539 (I.l.), en la cual se dice:

"Estando todo de paz... yendo tres españoles de la Vila de Comayagua a la Cibdad de Guatymala, llegando a una provincia que se dice Carguin (1), término de esta Cibdad, diez leguas della, saliendo de un pueblo, salieron los indios a ellos en el camino y los mataron, yendo descuidados; y siendo yo avisado dello, lo más sin escándalo que pude, castigué algunos dellos, los más culpados, delante otros señores de la misma provincia; y acabado de hacer xusticia, imbié los demás muy contentos a sus casas y un señor que havia sido en ello que no se pudo haver, xuntó toda la provincia y entraronse en un peñol".

Monumento erigido a Lempira en abril de 1941 en la misma cumbre del Congolón.

En otra parte de la misma carta, Montejo dice:

"Fui por aquella provincia de Carguín, que ya estaba de paz, y della y de las provincias comarcanas, saqué mil e quinientos amigos muy bien aderezados e muy buena gente...".

Por esta carta se sabe, pues, que la provincia de Cerquín comenzaba a unas diez leguas de la ciudad de Gracias, más o menos, en donde la montaña de Celaque se vuelve hacia Oriente y divide las aguas que se dirigen al Sur, en la provincia de Cerquín.

Otro dato importante que ofrece la carta es que revela la presencia de muchos señores de la misma provincia. Por lo tanto, Lempira no era el único Señor, aunque se sabe que había señores subalternos.

Al respecto, es necesario consultar la relación de Herrera (1.c.), que dice:

"Este indio, llamado Lempira, que significa señor de la sierra, convocó a todos los señores de la comarca, con los cuales, y los naturales, juntó 30,000 hombres: persuadió-los el cobrar libertad, siendo cosa vergonzosa, que tantos, y tan valerosos hombres, en su propia tierra, se viesen en la miserable servidumbre de tan pocos extranjeros; ofreció de ser su capitán y ponerse a los mayores peligros; aseguró, que si estaban unidos sería cierta la victoria para ellos, y prometiendo de seguirle, unos de voluntad, y otros por temor, se comenzó la guerra, y mataron algunos castellanos que hallaron descuidados por la tierra."

De esta relación aparece claro que Lempira, "que significa Señor de la Sierra", no era el único señor. Había, en la comarca, muchos Señores principales, a los cuales él debió persuadir "el cobrar libertad". Si ellos hubiesen sido subalternos, no necesitaba Lempira ofrecerse como su Capitán.

Hay, además, otros datos importantes en el Repartimiento de Gracias a Dios, hecho por Pedro de Alvarado (1536; 1.c.), en el cual aparece que cada pueblo se repartía con todos sus señores.

Así, antes de la revuelta, se repartieron los pueblos de Care, Zambizambique (Sensenti), Conguera (Candelaria?), Catepec (Ocotepec?), Cucuyagua, Arcato (Arcatao?), Culquín (Corquín?), Indepuca (Intibucá?), Arapoca (Erapuca?), Gualceque (Gualcinse?), en fin, muchos pueblos con sus señores y dependencias, como el pueblo de Congolón, con todos los señores e indios, barrios y estancias del dicho pueblo; y a Gaspar Suárez y a Alonso de Cáceres, respectivamente, "la mitad del pueblo de Carquín e Yacirque, e la mitad del pueblo de Tecomat-Tepet, con la mitad de todos los pueblos, a ellos sujetos, e señores e principales e indios."

Por este documento, también se conoce que había señores principales y otros señores y pueblos sujetos, y que debajo del pueblo de Cerquín había otros pueblos y señores; pero, al lado de él, estaba otro pueblo, el Congolón, en las mismas condiciones, y, por lo tanto, el territorio señorial de Cerquín no debió ser muy extenso[7].

Debe considerarse también lo que sucedió a la muerte del señor Entepica, poco antes de la rebelión de Lempira.

Herrera dice:

"Su congregación fue en la Sierra de las Neblinas, en su lenguaje Piraera, adonde estaba una gran población, cuyo señor era Entepica, que en muriendo este, se dividió en muchos pueblos".

Probablemente, este señor tenía unido el pueblo, que, a su muerte, se dispersó en tantos grupos familiares, cada uno con su jefe o "señor". La llegada de los españoles ayudó a la disgregación de la gran población, ya que los indios huían a los altos de las sierras.

No se puede decir si Piraera estaba separada de Cerquín, o si Cerquín formaba parte del señorío de Piraera y se hizo independiente a la muerte de Entepica.

II. EL TERRITORIO DONDE LEMPIRA EJERCÍA SU INFLUENCIA

Se ha visto cómo la provincia de Cerquín comenzaba en la parte norte a unas diez leguas de la ciudad de Gracias. Por la parte oriental, se sabe también que terminaba con los Cares, que, según Squier, llegaban hasta Yamaranguila. Por otra parte, se entiende que los

---

[7] En verdad, Montejo, en una nueva carta del 1° de junio de 1539 (Rev., t. VII, p. 167), se lamenta de que Alvarado hubiese hecho el repartimiento a la loca; así, en lo tocante a Cerquín, dice que a Gaspar Xuarez "por yerro diósele un nombre de un pueblo, y es provincia... siendo esta provincia... de Cerquín".

Por lo tanto, no existiría el tal pueblo de Cerquín. Sin embargo, el asunto no está exento del interés personal propio de Montejo. Como testimonio, queda el nombre de Cerquín que lleva el peñón donde se cree que murió Lempira.

Potones, que también eran de la familia Maya, ocupaban el sur, por la parte de San Miguel.

Ambos datos pueden ser más autorizados si se considera lo que dice Herrera (l.c.): "Mucho antes que los castellanos llegaran a aquellas partes de Gracias a Dios, los indios tuvieron noticias de ellos, y no por eso dejaban las pasiones y guerras: porque, en particular, los de Cerquín tenían por imposible que se pudiese llegar a donde estaban, por la multitud de ellos, y porque primero habían de pasar por muchas tierras, y vencer muchas gentes, y en especial a los Cares y Potones, aunque entre ellos había guerra cruel".

Efectivamente, al tiempo que Cortés vino a Honduras, llegó de Nito a Trujillo, por mar; y sus compañeros, con Bernal Díaz del Castillo (cfr. Bernal D. d. Castillo, Cong. d. I. NN. España), fueron a Naco; de allí, por Olancho, a Trujillo, y pasearon por el Valle de Sulaco, del Espino, por Agalteca, donde encontraron a los soldados de Alvarado; y por la Choluteca, adonde se juntaron con el mismo D. Pedro de Alvarado. De aquí, por Nacaome, llegaron a Chaparrastique o San Miguel y Cuscatlán, dirigiéndose a Guatemala. Era el mismo camino por donde regresó Francisco de las Casas.

Alvarado había sido encargado por Cortés de ir a Honduras por tierra; pero, por aquella vez, como reflexiona Milla, no pudo entrar por Chiquimula, porque las regiones por donde debía pasar eran todas contrarias.

Por esta vez, la parte sudoccidental de Honduras quedó fuera del camino de los españoles, hasta que entró por el occidente Cristóbal de la Cueva, allá por 1534, y después de haberse asomado a Naco, fue, como parece, a fundar Jerez de la Frontera de la Choluteca, o sea, la nueva Choluteca.

Tenemos también el testimonio de Montejo (carta cit. de 10 de junio de 1539), el cual refiere que, habiendo salido de Comayagua catorce españoles que iban en socorro del Peñón de Cerquín, "en una provincia que se dice de los Cares, que estaban de paz, al salir de ellos, en un río dan en los catorce hombres... muy mal heridos..., llegaron al peñol...". Es claro que este hecho sucedió al salir de la provincia de los Cares, que estaban de paz, y al entrar en la provincia de Cerquín, que estaba de guerra.

Los catorce españoles tomaron el camino viejo de Comayagua a La Esperanza; por Cane o La Paz, pasaron por Yamaranguila, y en el difícil paso del Río San Juan, para llegar al cuartel general de San Antonio, fueron atacados por los indios.

Aunque en un documento de 1682, referido por Sebastián Martínez (Cane, de ayer a hoy, Tega, 1927), aparece la quebrada de "Cane" (hoy "Canito") y no la población de Cane, es de suponerse que por allí comenzaba la provincia de los Cares, cuyo nombre se perpetuó en "Cane".

Existe también el testimonio del Obispo Pedraza (carta cit., pág. 143), que dice: "...como casi toda aquella tierra de aquellas provincias de los Caris y Carquis, que estaban por pacificar al tiempo que vino a la dicha Gobernación el dicho Gobernador, que es todo en los términos desta cibdad (Gracias) y todo de las provincias de la villa de Comayagua...".

Queda por definir la parte occidental.

Squier habla del señorío de Sensenti y, casi contradiciéndose, nombra Yamaranguila e Intibucá "que cierra el distrito de los antiguos jefes de Sensenti" (1.c.)[8].

---

[8] Barberena (Hist. de El Salvador, I, 113) dice:

"… probablemente Copán, mejor dicho, el reino de Payaquí, fue de muy corta vida y escasa importancia, como que apenas se tiene un vago recuerdo de que haya existido. Eso no se opone a que los chortíes hayan organizado después una nueva nacionalidad en Copán, la cual subsistía en la época de la conquista. Su territorio, dicen que abrazaba el actual departamento de Chiquimula, de Guatemala, o una parte de él; una porción del actual territorio de Honduras, al SE., y otra de El Salvador por el lado de Citalá. Ha de haber colindado con el Señorío de Cerquín, patria del invicto Lempira, también de raza chortí".

El mismo autor, en la pág. 168, critica a Squier y lo enmienda de esta manera:

"Squier dice: 'También parece que el Lempa formaba los límites del territorio de los Nahuales, por el norte; y no hay más que uno o dos pueblos que tengan nombre de su dialecto en la margen izquierda del río; y si no se extendieron más en esa dirección es seguramente porque no se lo permitían las altas y desiertas montañas de la cordillera que va paralela al propio río y que constituyen los límites sur del distrito de Cerquín, cuyos habitantes fueron ligados, sino por sangre, políticamente, al pueblo de Copán, que era de la familia cachiquel. Lempira, el último jefe de Cerquín, hizo su última resistencia a los españoles en las montañas de Piraera, que dominan el valle del río Lenipa, el cual fue bautizado con este nombre en conmemoración de aquél'".

En todo caso, se debe considerar que Sensenti era una población tan grande y el valle tan importante y repleto de poblaciones, que contenía grandes templos y edificios que yo he detenidamente visto y estudiado, que parece imposible que dependiese de la región montañosa, mucho menos habitada y de mucha menor importancia en edificaciones, como lo era Cerquín.

Otra consideración importante. En el camino de Valladolid a La Virtud (Gracias), bajando en vista de Arcatao, existe una gran piedra con algunos grabados análogos a los de Cerquín y de Jesús de Otoro. Los antiguos, como los modernos, grabaron estas piedras en señal de algo que nosotros no conocemos.

Entre esta piedra y la cima del Congolón, casi en línea recta de occidente a oriente, está un alto cerro muy escarpado y lleno de peñascos, en el medio del valle bañado por el Río Mocal.

Se conoce como cerro Gualacapa. Su figura se asemeja algo al Coyocutena, teniendo en su cima un ojo de agua y algunos arranques de casas antiguas, como también un camino hecho con muro de retención, de la misma forma que los restos antiguos hallados en Coyocutena. Parece, pues, del mismo tiempo de Lempira.

Efectivamente, todo este valle, que está limitado por los cerros sobre los cuales va el camino de Valladolid a La Virtud, pertenece a

---

El señor Squier —prosigue Barberena— olvidó, al escribir esas líneas, la configuración de nuestro país: debió decir Sumpul donde dice Lempa, en cuanto al límite boreal de la región pipil por ese lado. No es cierto que escaseen por allí los nombres geográficos de origen náhoa… están a la izquierda del Lempa. Este río sólo servía… de límite oriental con Chaparrastique. En cuanto a que el nombre del río Lempa se derive del del heroico Lempira, es una ocurrencia que ningún documento autoriza, en los días de la conquista ya era generalmente conocido dicho río con el nombre que hoy tiene, sin que a nadie se le ocurriera decir que el vocablo fuese derivado del nombre de Lempira. Lo probable es que ambos nombres se deriven de una misma raíz quiché: LEM —arrastrar, golpear—, aludiendo por una parte a la fuerza de la corriente del río, y, por otra, a la legendaria fortaleza del Caupolicán hondureño. En la Relación de la Provincia de Honduras e Higueras, por el obispo D. Cristóbal de Pedraza (1544), consta que cerca de Gracias a Dios corre un río llamado Limpu, que bien puede ser variante de Lempa (Revista del Archivo y de la Biblioteca Nacionales de Honduras, Tomo IV, p. 288).

Acaso estos últimos conceptos acerca de los nombres "Lempa" y "Lempira" deban ser sometidos a nuevo examen, como lo haremos más adelante.

la misma región que yo he descrito en capítulo aparte, como teatro de la Epopeya de Lempira.

Con cierta razón, el Rvdo. Padre Joaquín Mejía, cura de Candelaria (Joconguera), me decía que considera esta "Piedra del Tigre" como la continuación de los linderos del Reino de Lempira, que pasaban también por la "Cueva Pintada" que está en Guarita, y de allí lindaba con el Reino de Copán, al norte. Al oriente de esta piedra, y casi frente al Congolón, está, como se ha dicho, el cerro Gualacapa, que parece haber sido lugar de atalaya de Lempira, para espiar los movimientos de los enemigos, especialmente de Atlacatl, el cacique de El Salvador, que era llamado "Señorío de Cuscatlán".

En la región existen varias grutas con dibujos pintados. Frente a Gualsince, en la falda de la montaña inmediata a Guayatique, se halla una piedra triangular, como una mesa sostenida por tres pies, en cuyo plano existen hoyos redondos comunicados unos con otros; el ángulo E.NE. termina con una gran cabeza de león o de tigre esculpida. Los naturales la llaman "Quelepa", que en dialecto guajiquiro significa "Piedra del Tigre". El señor Prof. Don Jesús Aguilar Paz me informó haber visto unos como asientos cerca de esta piedra. Se tiene por tradición que fue piedra de sacrificios, y bien puede ser.

Concretando: la provincia de Cerquín limitaba al norte a diez leguas de la ciudad de Gracias; al este con los Cares, que parece ocupaban el territorio que está por lo menos entre Yamaranguila y Cane, es decir, toda la parte montañosa, más o menos; al sur, los Potones, desde atrás de las montañas de Piraera hasta San Miguel; al oeste, los cerros sobre los cuales pasa el camino de Tomalá, Valladolid y La Virtud, al NO. de los cuales están el Valle de Sensenti y el de Copán.

Estos son, a grandes rasgos, los límites que, al parecer, encerraron la antigua provincia de Cerquín.

El ilustre profesor de Geografía e Historia, Lic. Don Félix Salgado (Elem. de Hist. de Hond., edic. 1941, pág. 41), da más o menos los mismos límites: "La provincia de Cerquín... que hoy corresponde a los distritos de Erandique, Candelaria y Guarita...".

En cuanto a la influencia que Lempira ejerció, como aliado, como amigo o como hombre de extraordinarias condiciones, debió ser tan grande, que pudo sublevar a casi todos los pueblos de Honduras, a donde llegaron los españoles.

El señor Prof. Jesús Aguilar Paz me informó que se sabe por tradición que Lempira llegó a tener conferencias en Talgua, cerca de Lepaera, sobre el río Higuito. Talgua, según la carta de Montejo, era una población de cuatrocientas casas, que Alvarado, a su paso, dejó reducidas a cuarenta. Cerca de Talgua estaba Lepaera, y Chululán y Mongal (Flores), de las mismas condiciones.

Además, según Herrera (1. c.), Lempira "para esta guerra, se pacificó y confederó con los Cares enemigos".

En Piraera levantó el fuego de la revolución.

La carta de Montejo es muy elocuente. Este Adelantado tuvo que pacificar, a un tiempo, la rebelión de Lempira en la provincia de Cerquín, la de los Cares en la provincia de Comayagua y la del Valle de Jocoro, cerca de San Miguel. Por su parte, Juan de Chávez tuvo que salir a prisa de Honduras y correr al socorro de la provincia de San Miguel, rebelada.

Era toda Honduras, en la parte bañada por el río Comayagua y Ulúa, la que se hacía sentir con todo su peso, porque Lempira se había levantado con el pendón de la libertad.

III - LEMPIRA COMO GENERAL

Lo que refiere Herrera es esto: que Lempira, en la reunión de Piraera, se ofreció como Capitán a los 30,000 hombres que juntó de más de 200 pueblos y a los 2,000 y más señores y caballeros conocidos.

La provincia de Cerquín se había levantado, dice Montejo; por lo tanto, el número de indios y de señores nombrados, como también los pueblos, pertenecían a esta provincia, y el mando de General en Jefe se extendió a todos los de esta provincia que aceptaron a Lempira como caudillo.

Por consiguiente, según lo que se ha dicho anteriormente, Lempira había adquirido un mando que antes no tenía, sobre toda la provincia de Cerquín, que estaba en los términos antes dichos, y todos los señores de esta provincia se pusieron, más o menos voluntariamente, bajo su mando.

Como observa Vargas Machuca, en las guerras de indios, cada jefe, en un momento dado, mandaba como le parecía. En todo caso, en aquel momento, Lempira fue aceptado, según el lenguaje de hoy, como General en Jefe, o sea, como Jefe Supremo de todas las fuerzas, como director intelectual y material de la defensa de Cerquín, que era la de toda Honduras.

ANTECEDENTES DE LA REVOLUCION DE LEMPIRA

Aunque al tiempo de la conquista, la América Central, y más aún Honduras, estaba disgregada y repartida en pequeños señoríos, como si fuese la moda del tiempo, sin embargo, en el conjunto había un vago sentimiento de unidad y de nacionalidad que los españoles, inconscientemente, vinieron a efectuar.

A la muerte de ENTEPICA, señor de Piraera, que significa "Sierras de las Neblinas", las cuales eran el Congolón, Azacualpa, Mayapachin, Eguate, Cerquín, el señorío se disgregó; los pequeños señores que surgieron reunieron la gente dispersa y con ella formaron pequeños pueblos que se litigaban uno con otro continuamente, muchas veces por cuestiones de límites, lo mismo como sucede al presente.

Un fenómeno común entre los indios y entre los pueblos de todos los países y de todos los tiempos, aun en nuestros días, es que en tiempo de guerra y más en los peligros graves, se acepta cualquier caudillo que sea capaz de salvar una grave situación, aunque no pertenezca al mismo grupo.

Lo mismo sucedió con Lempira, que fue elegido General en Jefe, sin ser el señor de todos los señores de la provincia, y más bien habiendo peleas entre sí. No debe, pues, maravillar, si en América los indios aceptaron fácilmente el señorío de los españoles cuando se vieron sin jefes, mucho más porque no sabían a ciencia cierta la transformación que estaba pasando en el mundo americano.

Lo que sí sentían hondamente, después de sujetados, era la mano de acero del conquistador y los vejámenes de los capitanes y encomenderos, cuando éstos los recargaban con pesos insoportables. Lo que sienten siempre, indios y no indios, no es tanto el peso, cuanto la injusticia del mismo peso.

Comenzó el alboroto en la América Central cuando llegó Colón y fueron cometidos algunos abusos. Continuó el alboroto después, cuando las naves de Cuba venían a cargar esclavos en las islas y en tierra firme.

Cuando Cortés llegó a Trujillo, no quedó sin alterarse en Honduras toda la tierra por donde pasaron los españoles; desde Naco hasta el valle de Olancho era todo un levantamiento, y después hasta Nacaome, San Miguel y Cuzcatlán.

Dejo de hablar de Cereceda, que, según lo pintan, fue muy cruel; despobló Trujillo, abandonando a los españoles por el deseo de las minas de Naco; destruyó cerca de 28 pueblos que estaban en el valle de Sula y se llevó a todos los indios con cadenas y atados, "y en pueblo no dejaron una sola ánima", según la expresión de Montejo (carta, según la acepc. Rev. Arch. VII, 66), el cual también asegura que cuando Cristóbal de la Cueva vino a Honduras "no fue poco el daño que en ella hizo"; y describe la desolación en Honduras de esta manera:

"Y llegado a esta Cibdad, hallela en muy grande necesidad de bastimentos, así en los españoles como en los indios, a causa de las guerras y malos tratamientos que se les habían hecho con los achíes, amigos de Guatimala... Cuando a esta tierra vine, todo estaba de guerra, porque así lo dejó el Adelantado é su Capitán Joan de Chaves, que dejó en su nombre, el cual fue a Guatemala y dejó desamparada la tierra".

En otra carta (Rev. del Arch. XII, 389), repitiendo lo dicho en otras análogas, cuenta cómo entró Alvarado en Honduras:

"Llegando a un pueblo que dicen el Asistente, que es el primero desta Gobernación... que se llama Ocotepeque, salieron dos indios al Adelantado, a ver quién era y habláronle y fuéronse, y luego les entró dando guerra. Y después de haberle dado mucha guerra, y hecho muchos esclavos en él y en otro pueblo que está a una legua dél, que se dice Teculucelo, de verse un señor muy destruido, vino a hablalle, y dijole que se fuese, que le darían témenes, y así lo hizo; y tres leguas de allí déjanle las cargas, y vánse el señor y la gente, y todo se quedó de guerra, y nunca más llegó a un pueblo que le esperasen, y así lo dejó todo haciendo en ellos muchos esclavos y destruyendo la tierra, hasta que llegó cerca del valle de Zura (Sula), que envió a Juan de

Chávez a pacificarlos; y el Juan de Chávez fue haciendo lo mismo que él hasta Cerquín, como ya he dicho, y allí quiso entrar en el peñol, porque todos estaban de guerra en él, y no pudo; y los vecinos de Guatimala y S. Salvador lo requirieron que se fuese...".

Sobre todo lo demás, Montejo lamenta que, con haberles hecho tanto daño y no haberlos vencido, los han dejado todos en pie de guerra, y él sufre las consecuencias de lo que ha pasado, porque estando todos desesperados, Lempira ha podido fácilmente suscitar la revolución.

He aquí lo que dice (1. c.):

"Y un señor (Lempira) que había sido en ello, que no se pudo haber, juntó toda la provincia y entráronse en un peñol, la cosa más fuerte que hay en estas partes, y metieron en él muchos bastimentos. Y la causa de hacerse fuertes en él fue que cuando pasó el Adelantado Alvarado por aquella provincia, se metieron allí, y no les acometieron, llevando dos mil amigos é más; e cuando volvió Joan de Chávez a Guatimala, quedaron tan favorecidos que pensaron que era imposible entralles".

Dejemos las quejas de Montejo y veamos al Licdo. Pedraza, en una relación al Rey, de 18 de mayo de 1539 (1. c.), cuyos trozos vamos a reproducir recortados:

"El Adelantado Pedro de Alvarado, cuando supo que el Licenciado Maldonado venía a tomarle residencia y a prenderlo... determinó de no esperallo, sigund me dixeron, e hizo apercibir sus amigos y allegados y otras muchas personas, e ansí mismo casi dos o tres mill yndios achíes, que es la más cruel generación de yndios que en todas las Yndias ay, y más bellicosos, y determinó de venirse por esta Gobernación a ver si podía hallar manera para embarcarse en este puerto de Cava-llos, o en el de Trujilio, para irse a Castilla ante Vuestra Majestad... comenzó por el camino que venía a fazer guerra para abrir el camino e pasar en paz siguro y sin peligro por él para conseguir su viaje...".

Así llegó a Tencoa, en donde encontró a los españoles de Cereceda, el cual le iba a entregar la gobernación de Honduras.

FUNDACIÓN DE GRACIAS

A este punto se encuentran los datos ciertos de la fundación de la ciudad de Gracias, que todos los historiadores, siguiendo en esto a Antonio de Herrera, como si fuese una fuente de todo segura, dicen fundada por Juan de Chávez, y aseguran que, habiendo los españoles encontrado finalmente un valle hermoso, dieron Gracias a Dios y este nombre quedó a la ciudad. Pero no fue así.

La ciudad de Gracias, por los datos que se tienen, no fue fundada por Juan de Chávez.[9]

---

[9] El ilustre historiador, Licdo. Ernesto Alvarado García (Revista "Sembremos", órgano del Instituto Martínez Fuentes, Tegucigalpa, T. I. N° 2, 1932, pág. 37), sobre un expediente con respecto a Juan de Chávez, demuestra que los interrogatorios dan pruebas contrarias a la fundación de Gracias por Juan de Chávez. Todos los testigos responden con los mismos argumentos de Montejo, y por lo tanto concluye con decir que Gracias no fue fundada por Juan de Chávez.

Al respecto, el Obispo Pedraza ofrece tales pormenores que no dejan lugar a duda (1. c.). Dice:

"Al tiempo que el dicho Adelantado don Pedro de Alvarado llegó al dicho pueblo de Tencoa con todo su ejército, e supo lo que pasaba del dicho despoblamiento de esta tierra, y como todos los cristianos dexaban desamparada y se yvan, determinó desde dicho pueblo de enviar a un cavallero que traya consigo, que se dize Juan de Chaves, por capitán con cierta gente de la que consigo traya, y con algunos de los que en esta tierra halló, a conquistar y pacificar los términos de esta cibdad; que a la sazón no estaban pacíficos, sino de guerra, y todo lo que más pudiese, y mandole que en lo más necesario della y que más viese que convenía, poblase una cibdad, y que le pusiese por nombre e intitulase la cibdad de Gracias a Dios, desta gobernación de Yquerus y Honduras, en nombre de Su Magestad, y que le enviaría, de adonde estuviese, señalados los que avían de ser alcaldes y rrexidores, y rrepartiese los pueblos e yndios que le pareciese que podían servir en ella, que él pacificase, los cuales rrepartiese a él y a los que con él venían, mientras él se yba a ver con el dicho Cereceda y con los demás españoles que con él estaban, e a conquistar todo lo más abajo hazia el Puerto de Caballos y rrio Ulúa; y ansi, el dicho Juan de Chaves se partió con la dicha gente, y entró por la dicha tierra por los términos de esta cibdad, y llegó a un peñol muy fuerte qu'estava en la provincia de Cerquín, donde estava mucha gente de los naturales yndios allegados y rrecogidos en él, de temor de la entrada del dicho don Pedro de Alvarado, porque les venía dando guerra por todos los pueblos do vino, y los cristianos e yndios amigos que con él venían les acían mucho daño, como se suele hazer en las tales guerras, en el cual dicho peñol estava recogida mucha parte de la gente de toda la tierra, y como

¿CÓMO FUE FUNDADA GRACIAS?

Pedraza cuenta que don Pedro de Alvarado se fue a ver a Cereceda, que le entregó la Gobernación; pobló, entonces, la villa de San Pedro y repartió los pueblos y los indios.

PRIMERA FUNDACIÓN DE GRACIAS (PROVISIONAL)

Hecho esto, mandó a Gonzalo de Alvarado con la gente que sobró, que era la que estaba antes con Cereceda, "para que buscasen al dicho Capitán Juan de Cháves, quel antes avia enviado a conquistar desde dicho pueblo de Tencoa, y se juntasen con él, para que todos juntos hiziesen lo que por el dicho Adelantado le fue mandado al dicho Capitán Juan de Chaves, ansi en la dicha conquista e pacificación de la tierra, como en la dicha fundación de la dicha cibdad de Gracias a Dios que le mandó que fundase, y el dicho Adelantado don Pedro de Alvarado le envió, de donde quedó, señalados los alcaldes y regidores que avían de ser en la dicha cibdad de Gracias a Dios, quel dicho Capitán Juan de Chaves toviese fundada y poblada o fundase o poblase. El cual dicho Gonzalo de Alvarado se partió con los dichos

---

llegó a él el dicho Juan de Chaves con la gente que llevaba, ansi de cristianos como de yndios amigos, los dichos naturales que estaban en el dicho peñol le rresistieron la fuerza y pelearon con él muy valientemente y se defendieron todo lo posible, de manera que nunca los cristianos le pudieron entrar, ní aun llegaron al pie de dicho peñol, y como los cristianos que yvan con el dicho Juan de Chaves vieron lo que pasaba, e ansi mismo como el peñol hera muy fuerte, y los dichos yndios que con él estavan heran muchos, y ellos tan poca gente y sin mantenimientos a causa de no hallar gente ninguna por los pueblos, que estava toda rrecogida en el dicho peñol, dixeron al dicho Juan de Chaves que diese al diablo el dicho peñol y la dicha tierra, que no hera tierra para ellos, y que no querían éstar en ella, ni dar más paso ni puntada en cosa della, que les dexase ir con Dios a sus casas, pues eran de Guatimala... é ansi se salió desta gobernación con todos ellos, sin hazer cosa ninguna en ella de cuanto le fue mandado por el dicho don Pedro de Alvarado, sin conquistar, ni pacificar, ni traer pueblo de paz por ninguna parte de cuantas pasó, y ansi se fue a Guatimala, adonde agora a la sazón está, y esto sin aver salido el dicho don Pedro de Alvarado desta tierra, ni sin averse embarcado para España, sino estando presente en ella."

Es bueno haber reproducido lo arriba dicho por Pedraza, ya que es la prueba más evidente de que Juan de Chávez no hizo nada para la fundación de la ciudad de Gracias, y por lo tanto caen por tierra las palabras que se le ponen en la boca, a él y a los españoles: "¡Gracias a Dios!" Mucho más, porque este nombre se lo mandó a poner don Pedro de Alvarado.

españoles a hazer lo sobredicho, y vinieron en busca del dicho Capitán Juan de Chaves, y llegados a un pueblo que se dize la Paera, qu'es seys leguas desta dicha cibdad, viendo que no hallavan rastro ni nueva del dicho Juan de Chaves, determinaron él y los dichos españoles que con él estaban de enviar a un cavallero que se dize Gaspar Juárez de Ávila... en busca del dicho Capitán Juan de Chaves, con ciertos cristianos con él".

Este caballero no encontró a Chaves, sino que supo que se había ido a Guatemala con todos los que llevaba. El caballero volvió a dar la nueva, y encontró a Gonzalo de Alvarado en Opoa.

"Como supieron la certidumbre de lo que pasaba, determinaron todos, los unos y los otros, de fundar en el dicho pueblo de Opoa la dicha cibdad de Gracias a Dios, por esta governación, en nombre de Vuestra Magestad, e hizieron los Alcaldes y Regidores quel dicho Adelantado Alvarado envió nombrados, y esto hasta tanto que hallasen otro mejor asiento donde se poblase, porque les avian dicho que en otra parte más avaxo avia otro mejor asiento, que es a donde yo la halle poblada al tiempo que vine a estas partes; sino porque hera en tiempo de aguas y tenían pocos yndios, y por no dalles trabajo en fazer casas, determinaron de poblar en el dicho pueblo de Opoa hasta tanto que pasase el ynvierno y las aguas, y luego pasalla en el dicho lugar do yo la halle poblada; en el cual dicho pueblo de Opoa estuvieron casi seis meses, y en este medio, estando los dichos Gonzalo de Alvarado con los dichos españoles poblados de la manera susodicha, vino el dicho Capitán Alonso de Cáceres en nombre del dicho Adelantado don Francisco de Montejo!...".

Esta fue en efecto la **SEGUNDA FUNDACIÓN DE GRACIAS**.

TERCERA FUNDACIÓN DE GRACIAS

Por la carta del Obispo Pedraza, de 18 de mayo de 1539, que he citado abundantemente, y que hasta ahora era casi desconocida, o por lo menos había pasado desapercibida en Honduras, mientras se había usado únicamente la "Relación de la Provincia de Honduras e Higueras", hecha por el mismo Obispo en 1544, y que es de interés geográfico e histórico general, se conoce mejor y más claramente que las fundaciones de la ciudad de Gracias fueron tres, sin contar una frustrada, que debió hacer y no hizo Juan de Chávez; y además, que es fabuloso que le dieran el nombre de Gracias a Dios por la exclamación que hicieron al encontrar un valle hermoso, porque la verdad es que cuando don Pedro de Alvarado envió a Juan de Chávez para pacificar la tierra y fundar una ciudad, le mandó que la nombrase GRACIAS A DIOS, y que los nombramientos de alcaldes y regidores se los daría a conocer después.[10] (Por la carta, cfr. "Relac. Hist. de América," publicadas por la Soc. de Bibliof. Esp., Madrid, 1916. Por la relación, cfr. Rev. Arch. IV, 280).

Alonso de Cáceres y Francisco de Montejo encontraron a los españoles en el primer sitio, en Opoa; Francisco de Montejo, al terminar la estación de las aguas, debió trasladar la ciudad al sitio de la segunda fundación. Por la dicha carta de Pedraza se conoce que el sitio no tenía buenas condiciones, y por lo tanto, la ciudad fue nuevamente trasladada al sitio actual, por mandato del Gobernador Montejo, pero en su ausencia; porque, terminada la pacificación de la provincia de Cerquín con la muerte de Lempira, debió correr a pacificar el Valle de Comayagua y tomar el peñón de Tenampúa, última resistencia de los Cares, después de la resistencia de los Cerquis, ambos indios serranos de la familia maya, al igual que los Potones que ocupaban el sur.

La descripción de Pedraza (carta cit.) es muy clara. Después de haber dicho que Montejo consultó a Pedraza, que dio su voto, y lo llevó, con muchos caballeros, a ver el nuevo asiento, refiere que

---

[10] En el repartimiento de la ciudad de Gracias, hecho por Alvarado, antes que Gracias fuese fundada, fechado en la villa de San Pedro de Puerto de Caballos, a veinte días del mes de julio de 1536, figura Juan de Chávez como vecino de la dicha ciudad de Gracias y alcalde mayor y capitán; y Gonzalo de Alvarado, vecino y alcalde de Su Majestad, de la dicha ciudad. Eran, pues, dos alcaldes, nombrados mucho antes que la ciudad fuese fundada.

Gonzalo de Alvarado debe de haber sido enviado en pos de Juan de Chávez después de este repartimiento y debe de haber tardado unos diez o doce días para preparar el viaje, llegando a Lepaera y Opoa, como a primero de septiembre de 1536, fecha en que se efectuó realmente la primera fundación de Gracias, en OPOA, según los datos que ofrece arriba el Obispo Pedraza.

Montejo se fue, dejando en su lugar a su hermano Juan de Montejo. Entonces sigue narrando:

Y ansi, ydo él, la poblamos por su mandado en nombre de Vuestra Magestad, y el primer edificio que en ella se hizo fue poner el árbol de la Santa Veracruz, en el lugar donde se señaló y constituyó la yglesia, con el himno de Vexilla Regis prodeunt, etc.; yo y cuantos allí nos hallamos la traximos en los hombros, y al tiempo que la metimos en el hoyo, todos hincados de rodillas, yo rezé el evanjelio de San Juan, In principio erat Verbum; ansi en la misma ora se puso al pie de la cruz un altar, y se colgó todo alrededor della con paños de la tierra, y me vestí y dixe misa, la qual dicha misa está en los misales sevillanos que comienzan así: In nomine Jesu omne genu flectatur; porque fundada sobre tan excelente nombre, no puede ser sino que della manen muy grandes bienes y virtudes para su santo servicio... lo qual todo se tomó por testimonio, y luego todos los vecinos comenzaron a hazer sus casas y yo la mía....

Así fue fundada, por tercera vez, cada vez en diverso lugar, la ciudad de GRACIAS A DIOS. La primera fundación en Opoa, debió ser por mitad de agosto de 1536; la segunda fundación, supongo en Las Flores o antigua Chululán, o bien a muy corta distancia en el Valle Mongual sobre el Río Mejocote, a cuatro leguas de distancia de la actual ciudad de Gracias; la tercera fundación se hizo en el sitio que la ciudad ocupa actualmente.[11]

---

[11] La tercera fundación, por los datos que ofrece Pedraza, debe haber sucedido el segundo domingo de enero de 1539.

En efecto, Pedraza dijo, ciertamente, la misa que caía en aquel día, que era la del Santísimo Nombre de Jesús, la cual, en los misales, después de la reforma de San Pío V, cae el segundo domingo de enero. Esta fiesta, supongo, caía en esa fecha aun antes, porque su institución es anterior, y por lo tanto, aun los misales sevillanos deben tenerla en esa fecha.

En qué día del año cayó el segundo domingo de enero de 1539 es fácil deducirlo con simple cálculo, teniendo en cuenta la reforma del calendario gregoriano de fecha posterior.

CAUSAS PRÓXIMAS DE LA REVOLUCIÓN DE LEMPIRA

El obispo Pedraza, en la carta antes citada, trata de poner en relieve las causas próximas por las cuales los indios se alzaron y se rebelaron. La historia antigua y moderna está llena de ejemplos semejantes, ni se debe atribuir el hecho a los españoles ni a los indios en general, sino a la imprudencia y codicia de particulares, los cuales, en la mayor parte de los casos, dañan las buenas intenciones y el buen gobierno que los caudillos quisieran dar para el bien del pueblo.

Casi todas las revoluciones han tenido su incubación, pero, para que estallen, para que la chispa prenda, son necesarias aquellas causas inmediatas, que nunca faltan cuando el ambiente está ya calentado.

Lo que sucedió entonces no se puede oír sin horror.[12]

---

[12] He aquí lo que cuenta el Obispo Pedraza:

"... como los dichos yndios que traxo consigo es la más cruel jente de cuantos yndios ay en todas las yndias, mayores carniceros y comedores de carne umana de todas ellas, e que a la ora que tomavan el yndio, en la misma ora lo sacrificaban y hazian pedazos y se lo comian, corriendo sangre a medio asar; y en tomando al niño, aunque estuviese a los pechos de su madre, vivo lo ponían en un asadero y se lo comian, que por cierto me dixo un español de los que con el dicho Adelantado vinieron, que llegó una noche a un pueblo él y otros tres cristianos que avian ido a rranchear buscando mayz y comida, y que estaban en el dicho pueblo una cuadrilla de no sé qué tantos aches, de los dichos yndios que traya consigo, que ansi se llamavan por nombre los aches, como los de México los mexicanos, y que contó treynta y tantos asaderos, y en cada uno un niño asando, que me quebró el corazon, sin otras más de veynte o treynta personas sacrificadas, haziéndolas pedazos para rrepartir pieza por pieza entre ellos para llevar de camino para comer; de la qual entrada, segund soy ynformado, ansi de comidos de los dichos aches, como de muertos y sacrificados, como de esclavos que se hizieron, y otros muchos libres que se sacaron y llevaron de la tierra, fueron muertos y llevados más de seis mill personas entre hombres y mugeres, chicos y grandes, entre los quales fueron los tres mill hechos esclavos, y que del pueblo que avia cuatrocientas o quinientas casas al tiempo que dicho Adelantado don Pedro de Alvarado vino a la dicha governacion, avia quando vino el dicho Adelantado don Francisco de Montejo solas trescientas, y que de un solo pueblo que se dize Taloa (Talgua), qu'está a dos leguas desta dicha cibdad, me dixeron todos los principales del dicho pueblo que de solas mugeres y niños, comidos y llevados, pasaron de doscientas animas, y como los naturales de esta tierra no comen carne umana, ni jamás oyeron dezir que tales los honbres comian, quedaron tan espantados y castigados que ansi como el Adelantado don Francisco de Montejo y sus capitanes fueron sobre ellos, y les comenzaban a dar guerra, luego le venían de paz."

Pedraza cuenta que Alvarado se hizo acompañar por dos o tres mil hachíes, indios de los más terribles, y que, desde que entró a Honduras, pasó como un rayo, abriéndose el camino a hierro y fuego, sembrando la destrucción y la muerte, y llevándose miles de esclavos.

Por cierto, no todo fue su culpa, sino de sus capitanes y de los hachíes, que en cuadrillas iban a robar y matar en todas partes.

Don Pedro de Alvarado necesitaba ir a disculparse a España lo más pronto y obtener las mayores ventajas; necesitaba embarcarse en Puerto Caballos y hacerse méritos por la conquista de Honduras. Sus métodos de conquista eran enérgicos, eficaces y seguros. Sus capitanes lo secundaban admirablemente, y los hachíes amigos que le ayudaban en la conquista no aceptaban restricciones.

Esta vez, tanto él como Juan de Chávez, en su regreso a Guatemala, fueron como el vendaval que lo arrasa todo.

Cuando llegó Montejo, encontró la desolación, y a Pedraza le rogaban los indios, que, como era su padre, mirase por ellos y los librase de una vez de tantos males.

Y estos males fueron tantos, que al tiempo que vino Hernán Cortés, era Honduras tan poblada y de tan grandes señores como lo era la Nueva España; ahora, al contrario, estaba despoblada, por haberse los indios todos huido a las sierras.

LAS FUERZAS DE LEMPIRA

Cuando se habla de las fuerzas que Lempira dirigía contra los españoles, se debe distinguir entre fuerzas directas y fuerzas indirectas.

Las fuerzas directamente a su mando eran los 30.000 hombres, los 2.000 señores y los 200 pueblos, más o menos.

Las fuerzas indirectas eran, ante todo, los pueblos que habían sido abandonados por las familias que se habían recogido a los altos de las sierras y, por lo tanto, dejaban a los españoles sin víveres y sin amparo, según lo expresa Pedraza en la carta citada: "no avia en pueblo ninguno un tan solo grano de maiz, ny otra cosa ninguna para comer, sino que con solas yerbas cozidas que hallavan por los campos, y aun sin sal, y otras malaventuras, se pasavan por temor de no ser muertos...".

Otra fuerza indirecta eran los naturales de los otros pueblos que estaban de paz, los cuales "no esperaban otra cosa sino ver en que parava el dicho peñol, y si los españoles no lo podian ganar, para dar unos en una parte y otros por otra en ellos y matallos a todos que no quedara hombre a vida, lo cual pudieran muy bien fazer..." (Pedraza, l.c.).

Efectivamente, los que estaban de paz no esperaron el fin del peñón y se lanzaron sobre los españoles de un modo o de otro.

Las fuerzas directas, abandonadas las casas y haciendas, se repartieron en varios peñones fortificados, como lo dicen los restos de tradiciones, y de casas, y los de artefactos que yo mismo he recogido.

Las principales fortalezas fueron el Congolón, en donde debió recogerse la mayor parte de los indios con mujeres y niños, siendo el más acomodado y bastante seguro.

Una fortaleza de primer orden debió ser la de Coyocutena, en donde podían caber muchos indios, hasta más de dos mil.

Otra muy fuerte era la de Gualacapa, además de la del Cerro del Broquel y de otras en donde fácilmente se repartieron, al seguro de los españoles.

Pero, la más fuerte era el PEÑÓN DE CERQUÍN, en donde Lempira puso su cuartel general.

Precisamente a esta fortaleza inexpugnable atacaron por cerca de seis meses los españoles, por la razón de que, si hubiesen ganado todos los demás y quedaba este en pie, no habían ganado nada, o mejor, todos, aun los otros pueblos de paz, se les venían encima.

Según Montejo, se juntó toda la provincia, y Pedraza añade que en el peñol de Cerquín (en sentido amplio) "estava la más parte de toda la tierra hechos fuertes en él, con muchas armas y bastimentos para muchos días, y con sus mujeres e hijos...".

Y más adelante añade: "por ser como es la tierra muy agra y áspera, que creo en toda ella no ay cuatro ni tres leguas juntas de llano, y la gente de los yndios muy belicosas e instrutos en las cosas de la guerra, y que conocían ya a los cristianos y saben que son mortales como ellos, y que los caballos y los cristianos no es toda una cosa, como de antes pensaban al tiempo que vinieron a estas partes".

Ahora, haciendo un cálculo muy superficial, si se piensa que cada pueblo estuviese formado por 10 casas, o mejor, por 10 familias compuestas de 15 hombres de guerra cada una, sin contar las mujeres y los niños, y cada una con su señor o jefe; he aquí que se tienen los 200 pueblos con los 30.000 hombres y los 2.000 señores.

Pero había seguramente pueblos de más casas y familias. Cerquín posee los restos de muchas casas. Así debió ser Congolón, Gualsince y otros, que tenían sujetos otros pueblos y señores, según se manifiesta en el Repartimiento de don Pedro de Alvarado.

Es cosa notable que aun ahora se continúa a dar el trato de "señor" a cada padre de familia, en todos los departamentos de Honduras en donde dominaron los antiguos Maya, y parece que en aquel tiempo fue la misma cosa, porque de otra manera no se sabe de dónde pudiese sacar Lempira tantos señores.

De otra parte, que fuesen muchos indios, lo dice expresamente Pedraza en la carta citada: "Siendo una ynfinidad los dichos naturales yndios...".

Entendidos así los hechos, no maravillará que Lempira reuniese a tanta gente, sin hacer dificultad los bastimentos, ya que todos los indios llevaron todo consigo, sin dejar en las casas, para los españoles, ni un grano de maíz.

LAS FUERZAS ESPAÑOLAS

Para conocer cuántas eran las fuerzas españolas que pusieron sitio al peñón de Cerquín no tenemos datos exactos, pero sí aproximativos.

Las fuentes principales son: 1° la Carta de Montejo de 19 de junio de 1539 (de las varias copias hechas por el mismo Montejo, tiene más pormenores la que se publicó en la Revista del Arch. T. IV, Nums. 5,-6,-7,-8); 2° la Relación del Obispo Pedraza, ya citada; 3° el Historiador de la Corte de España, Antonio de Herrera; 4° Gomara (Hist. de las Indias, cap. "Cabo de Honduras"); 5° las Cartas y el Repartimiento de Alvarado y las informaciones de testigos de los varios procesos posteriores.

Para llegar a este conocimiento, interesa saber con cuánta gente llegó a Honduras don Pedro de Alvarado en 1536; cuánta se llevó Juan de Chávez al regresar a Guatemala y cuánta dejó Alvarado al salirse para España, sobre la que ya había encontrado cuando Cereceda le cedió la Gobernación de Honduras. Además de esto, se debe ver cuánta gente trajo Montejo al asumir la misma Gobernación.[13]

---

[13] Añadiendo del suyo algún yerro equivocado, el historiador oficial Antonio de Herrera cuenta lo siguiente (Dec. V-IX, c. VIII-IX):

Los españoles de Trujillo quéjáronse al Rey porque Cereceda los había desamparado llevándose gran cantidad de indios, para ir a trabajar las minas de Naco, contra las reales órdenes y pedían un buen gobernador. Al mismo tiempo, Alvarado, que había vuelto del Perú, supó que el Lic. Alonso de Maldonado, enviado por la Audiencia de México, venía a residenciarlo; y el enviado Diego García de Celis, tesorero del Rey, le rogaba venir en auxilio de Honduras, mientras que 'los Castellanos, llevando sus naborías, dejaron atado a un árbol a Cereceda'. Así las cosas, Alvarado hizo que Cereceda renunciase la Gobernación en su favor, vino a Honduras, fundó la ciudad de San Pedro, hizo reparticiones a la loca, mandó que se fundara una ciudad a medio camino y que se la llamara Gracias a Dios y se fue a Puerto de Caballos llevando diez o doce vecinos y con un documento del Ayuntamiento de San Pedro fechado el 12 de agosto de 1536, se embarcó para Cuba y de allí para España. (Herrera, Dec. VI, Lib. I, c. VIII, y Durón, Bosquejo Hist., p. 11).

Y casi en este tiempo, acordándose el Rey de la necesidad grande que havia en Honduras de Governador de autoridad... considerando las pérdidas grandes que el Adelantado don Francisco de Montejo havia hecho en Yucatán, de donde ya absolutamente estaba excluído, le dió este gobierno de Honduras, y mandó embiar el título y despacho a D. Antonio de Mendoza, Visorrey de Nueva España, para que se encaminase, porque esta provincia era de su distrito". (Herrera, l.c.)

Voló la fama de la fundación de las dos villas de Puerto de Caballos y de San Pedro, adonde el Adelantado Alvarado mandó llevar ganado... era grande la riqueza del oro... el Adelantado D. Francisco de Montejo, que estaba a la sazón en México muy pobre y afligido, aunque había dicho a D. Antonio de Mendoza, Visorrey de Nueva España, que no tenía fuerzas para sustentar la Gobernación de Honduras, porque la vía muy perdida, y que de buena gana la trocaría con la Gobernación de Chiapa, a que el Rey no havia querido dar oídos, envió con sus poderes y algunos amigos, al Capitán Alonso de Cáceres, caballero, natural de Alcántara, para que se apoderase de la Governación; y aunque no le quisieron recibir, tuvo forma para entrar en Gracias a Dios, porque el Cap. de Chávez se había vuelto a Guatemala, y prendió a los Alcaldes y Regidores, y los quitó de los oficios, y puso otros de su mano, y envió a llamar al Adelantado D. Francisco de Montejo, el cual fue luego, y quitó los repartimientos a las personas a quien D. Pedro de Alvarado los havia encomendado, aunque en la pacificación y descubrimiento de la tierra havían trabajado; y como su necesidad no era poca, tomó la mejor parte para sí, y lo demás dio a sus amigos..." (Herrera, Dec. VI, Lib. I, c. IX).

En esta relación es de notar el error de Herrera, en que han caído todos los historiadores que de él han tomado noticias, de atribuir la fundación de Gracias a

En cuanto a Cereceda, sabemos que abandonó en Trujillo la gente vieja que no quiso seguirle y se fue a Naco llevándose la gente joven y gran cantidad de indios, desamparando la tierra. Además de esto, hizo venir cuadrillas de indios de Méjico para trabajar las minas. Los españoles que estaban con él fueron mandados en gran parte por Alvarado a fundar Gracias a Dios, después que se fue Juan de Chávez. (Cfr. Pedraza, 1.c., Herrera y Montejo).

El mismo Pedraza da cuenta de que Alvarado vino a Honduras con "sus amigos y allegados y otras muchas personas, e ansi mismo casi dos o tres mill achíes, que es la más cruel generación de yndios que en todas las yndias ay, y más belicosos".

Pedraza informa que, llegado Alvarado a Tencoa, cerca donde estaba Cereceda, envió al capitán Juan de Chávez "con cierta gente de la que consigo traya, y con algunos de los que en esta tierra hallo, a conquistar y pacificar los términos de esta cibdad".

Chávez fue a atacar a Cerquín, pero los indios se resistieron y su gente no quiso continuar la pelea, sino irse a Guatemala, de donde había venido. Se llevó casi todo el ejército de Alvarado, el cual, con

---

Juan de Chávez y de decir que Cáceres y Montejo llegaron a Gracias, mientras encontraron a los españoles en la primera fundación, provisoria, es decir, en Opoa.

Ya hemos visto cómo cuenta los hechos el Obispo Pedraza, que se encontró en la tercera fundación de Gracias a Dios.

Alonso de Cáceres no llevaba los originales de las provisiones, sino unas copias; no siendo recibido, dijo que se quería estar allí con ellos, puesto que el Gobernador no podía tardar, y viendo que había discordia entre los españoles, hizo que una mayoría lo tuviese como teniente y capitán de Montejo, se hizo pregonar por tal y pregonar las dichas provisiones en nombre del dicho Gobernador, y desde a pocos días se llevó la más gente que pudo, "y fuése a entrar por la tierra adentro que estava en los términos desta cibdad, hazia la provincia de los Cares.... y desde a pocos días que se partió, llegó el dicho Adelantado don Francisco de Montejo.... y después.... envió toda la más gente que traya consigo de México y de Guatemala, ol dicho Capitán Alonso de Cáceres, y él se partió a la dicha villa de San Pedro con cierta gente que le quedó, a pacificar todo lo que estava de guerra junto al rrio de Ulua, ansi los de la sierra, como los demás.... se volvió a la dicha cibdad de Gracias a Dios, y llegado a ella vino el dicho Capitán Alonso de Cáceres para dalle cuenta.... e por alguna más gente para yr a conquistar los que quedavan, para poblar la dicha villa de Comayagua.... hasta el valle de Ulanchos.... de la cual jornada e yda que fue, nunca más ha vuelto a esta cibdad, sino siempre ha andado en la dicha conquista... especialmente el dicho peñol de la provincia de Carquín, donde fue el dicho Juan de Chávez que no pudo ganar.

españoles suyos y los que encontró, fue a pacificar el Río Ulúa, fundó San Pedro dejando allí los avecindados, a los cuales repartió la tierra; fue a embarcarse a Puerto Caballos, adonde dejó diez o doce vecinos, y envió a los españoles que había encontrado en Honduras a buscar a Chávez y fundar la ciudad de Gracias a Dios.

Entre el repartimiento hecho de Gracias a Dios y de San Pedro, se cuentan unos ciento once castellanos.

Con respecto a las fuerzas con que vino Francisco de Montejo a Honduras, se sabe lo siguiente:

Herrera dice que Montejo "embió con sus poderes, y algunos amigos, al Capitán Alonso de Cáceres... para que se apoderase de la Gobernación..." (Dec. VI, Lib. I, c. IX). Creo que la palabra *amigos* se puede referir tanto a españoles, cuanto a *indios amigos*, es decir, indios guerreros. En todo caso, para apoderarse de la Gobernación, frente a españoles que dependían de Alvarado, debió presentarse con una fuerza tal que evitase el peligro de ser aprisionado, según era la costumbre.[14]

En su carta citada, Francisco de Montejo habla de más de cien españoles que vinieron con él. Por otro lado, Gomara (Hist. de las Indias, cap. "Cabo de Honduras") dice que Montejo llegó a Honduras con 170 españoles, entre soldados y marineros. Pero, sabemos que cada español llevaba indios propios que le sirviesen y le ayudasen;

---

[14] El Obispo Pedraza dice que eran más de 2.000 Achíes.

Quiénes eran los "ACHÍES", lo explica Fr. Alonso Ponce, en su Relación de 1586 (Tom. I, Madrid, 1873, pág. 383; y Doc. Inéd. de Indias, 1872, Vol. 57) con estas palabras:

"Las lenguas comunes... son... la achí, la cual se divide en cuatro, y son la guutemalteca, la Tzotuhil, la Kakchikel y la Ultateca".

En el Popol Vuh (edic. Villacorta, trad. X, n. 15, pág. 371) se cuenta el origen de los Achíes, cuando los tres viejos "Balam", "en el monte llamado IZ MACHI" fue donde establecieron su pueblo en forma de tribu; en ese lugar aumentaron su poder y grandeza, obteniendo para edificar, cal y tizate, en la cuarta dinastía señorial".

En la nota relativa a este párrafo, Villacorta explica así:

"28) IZMACHI, de iz, simiente, progenie; ma, viejo, antiguo, antepasado; achí, hombre, varón: progenie de los antiguos hombres".

Parece, por lo tanto, algo exagerada la apreciación de Pedraza; lo que no impide que en esa guerra no se cometieran muchos atropellos y grandes crueldades.

tanto que Bernal Díaz del Castillo, llegando con Cortés cerca del Golfo Dulce y encontrándose el ejército sin comida, estaba preocupado por los suyos. Así sabemos también que en todas las conquistas se llevaban siempre indios amigos.

Que Montejo llevase otros auxiliares, fuera de los españoles, lo demuestra el hecho de que este Adelantado envió a Yamalá un negro suyo, que sabía la lengua, para incendiar en el peñol las defensas que estaban preparando los indios. Y Gomara dice que este negro se llamaba Marquillos (G., l.c.). Además, Herrera informa que en "...Piraera... Aquí se concertó la guerra, y nombraron por general a Lempira, el cual muchas veces acometió a los castellanos, a los indios mexicanos y guatemaltecas, que andaban con ellos..." (1. c. D. VI, Lib. III, c. IX).

Si Herrera, con las palabras citadas, entendiese referirse a los indios que llevaba el capitán Juan de Chávez, cuando sitió a Cerquín y regresó a Guatemala, tendríamos que decir que Cáceres se metió en esta guerra con sólo 80 españoles. Además, Pedraza (1.c., p. 157) afirma que Montejo envió a Cáceres "toda la más gente que traía consigo de México y de Guatemala"; por lo tanto, las palabras citadas deben referirse a los ayudantes de Cáceres.

Se debe añadir que el Adelantado obtuvo también otros cien indios feroces de Guatemala que le sirvieron algo para la pacificación del Valle de Comayagua, después de rendido Cerquín; pero pronto los devolvió, por ser demasiado crueles y porque ya pudo tener consigo indios amigos de los mismos que había pacificado en la jurisdicción de Gracias.

La Carta de Montejo, que hemos citado al principio, viene a iluminar el ambiente que se ha prospectado y a procurar más datos para conocer las fuerzas españolas que, al mando de Alonso de Cáceres, vencieron la resistencia de los "indios serranos" de la provincia de Cerquín.

En resumen, dice Montejo que, habiendo sido él nombrado por el Rey Gobernador de Honduras, comenzó a preparar su venida, y por esto envió a Alonso de Cáceres con su poder y a hacer gente; pero Alvarado desbarató todo y dio a Alonso de Cáceres el cargo de su armada.

Ya Montejo había empeñado y vendido lo que tenía en México; Alvarado quiso entrar en negociaciones con Montejo sobre Chiapas, pero las cosas adelantaron; el Virrey y Jorge de Alvarado escribieron a D. Pedro que desistiese; entretanto, vino la nueva de la residencia y prisión de Alvarado, y una carta del Rey al Virrey mandando que Montejo fuese a Honduras. A pesar de esto, Alvarado fue a la conquista de Honduras, hizo el repartimiento y se fue a España, y sabiendo que Montejo había vendido todo y venía hacia Honduras, y su mujer estaba embarcada en Veracruz y llena de deudas, pidió al Rey la Gobernación.

Continúa su queja diciendo que todo lo había gastado para traer la gente a Honduras, "trescientas cincuenta leguas de camino" dándoles armas, ballestas, espadas y algunos caballos, e ayuda para comprar otros; y con todo esto, al llegar su mujer a Gracias, se le quemó la casa de noche, salvándose solamente las personas.[15]

En cuanto a la conquista de Cerquín, dice "que había enviado a Alonso de Cáceres al Valle de Comayagua, para pacificar y sosegar aquella provincia, que era de los Cares, y le mandó el más socorro que pudo. Cáceres pobló una villa a la cual se puso nombre Santa María de Comayagua, y volvió a Gracias a dar cuenta a Montejo de lo sucedido. Entretanto, se alzó la provincia de Cerquín y Montejo envió a Cáceres 'con todo lo mejor proveído que yo pude, de armas e bastimentos;' pusiéronle cerco, e cada día salían los indios a dar guerra a los españoles, y serían siempre muchos, púsose en tanto estrecho la cosa, que tuve necesidad de embiar por socorro a las villas de San Pedro y Comayagua, y juntáronse hasta ochenta españoles, y siempre salieron los indios a dar guerra a los españoles, y hubo día de matar dos españoles, de más de los heridos; e duró este cerco seis meses, de donde se pasaron infinitos trabaxos, porque los dos meses postreros, de noche y de día, no durmieron, dando guerra, porque estaba

---

[15] El testigo Diego García, a la pregunta 8 responde "que sabe... envió sus poderes al dicho Capitán Alonso de Cáceres, que a la sazón estava en la ciudad de Santiago de Guatemala, para que en su nombre viniese a estas dichas provincias de Honduras...".

A la pregunta 12 dijo "...Alonso de Cáceres fué por Capitán a la pacificación de la dicha provincia de Cerquín y peñol con mucha gente...".

Los otros testigos respondieron más o menos en la misma forma.

repartido en ocho partes el cerco. Pasaron mucha hambre por estar toda la tierra en gran necesidad, como ya he dicho."

Añadimos a estas noticias seguras, las de Pedraza, que las recibió de Montejo y de otros: "siendo una ynfinidad los dichos naturales yndios, y ellos casi ochenta cristianos...."; y se añaden las noticias dadas por los testigos, en la información de méritos, etc., de Alonso de Cáceres (Inédito, Arch. de I., de Sevilla, Patronato, legajo 63, favor de D. E. Alvarado García) (1), de que Alonso de Cáceres fue con mucha gente.

Con todos estos datos podemos más o menos calcular el número de gente que estuvo en la toma de Cerquín.

Se debe considerar que el cerco era dividido en ocho partes, es decir, en cada parte había más o menos diez españoles; contando al jefe y sus ayudantes, para la dirección general, serían nueve u ocho en cada parte. Todos debieron pelear día y noche, siempre alerta y siempre unidos. ¿Quién, entonces, les haría los servicios, les cuidaría los caballos, les proveería de comida, les haría los mandados y muchas otras necesidades en tiempo de guerra y más en tiempo de invierno?

Dije ya al principio que cada español llevaba siempre su gente, y no es de pensar que en Cerquín se hizo una excepción. Se debe también contar con los indios amigos que habrían llevado consigo para pelear contra los indios del peñón y los indios que fueron repartidos. Es necesario, además, considerar que serían pocos los ocho o diez españoles por parte, en terreno fragoso y de día y de noche sin descansar, contra una infinidad de indios que los asaltaban.

Sospecho también que los españoles hicieron tentativas con escaleras para subir al peñón, y esto no lo podían hacer sin ser ayudados. Considerado todo esto, creo que por cada español se deberían asignar unos diez indios, por lo menos, entre indios de carga, para cuidar del caballo, de las armas y para ayuda variada, compresas las mujeres.

De esta manera, tenemos que el ejército de Alonso de Cáceres contra Cerquín estaría formado por unos ochocientos individuos.

Esta consideración no es poca, si se piensa que después de vencida la resistencia de Cerquín, Montejo se fue por la misma provincia y reunió mil y quinientos amigos, de los que poco antes fueron enemigos, y con ellos socorrió a Cáceres en la pacificación de los Cares y del Valle de Comayagua.

Con el ejército sobredicho, Alonso de Cáceres se enfrentó a Lempira.

MANERAS DE GUERRA ARDIDES Y CELADAS

No podemos darnos cuenta de lo que sucedía hace unos cuatrocientos años, si no conocemos alguna manera de la guerra de entonces, en las Indias Occidentales.

Una idea la da Montejo, en su carta de 19 de junio tantas veces citada (T. VI, pág. 199), en donde se ríe de Alvarado, que había dicho que todo lo había dejado en paz. Dice:

"En lo que toca a decir que vinieron indios aballe, la costumbre desta tierra es muy diferente de la de Granada, que allá quando vienen a dar la obidiencia, quedan de paz, y acá quando an de dar la guerra, primero vienen a dar la paz, para saber la gente que viene y el concierto que trae y el aparexo que tendrán para facello; y esto ha sido general en todas estas partes, que todos los que van a algunas tierras nuevas los rreciben y salen a hablar, y en viéndolos que asientan en la tierra y se quieren servir dellos, y los vean descuidados, les dan la guerra, y en esta tierra más que en otra nenguna, que más de diez doze capitanes con su gente que han muerto en ella, todos los han recibido de paz, sobre ella les dieron la guerra y los mataron, y esta es la verdad".

Se debe tener presente aún la discusión doctrinal, que se traducía a la práctica, cuyos principales campeones eran Las Casas, que defendía el derecho de los indígenas, y Sepúlveda, que defendía una especie de esclavitud natural.

Vargas Machuca, el capitán que defendía, como parece, esta última doctrina, escribió libros de práctica de milicia indiana, en los cuales se describen muchas de las maneras que estaban en uso en las guerras de entonces en las Indias. (Milicia y descripción de las Indias, ed. Madrid, 1599; reimpresa en 1892).

Daré aquí algunos ensayos.

Vargas Machuca enseña que los caballos sirven mucho en tierra rasa y no en montaña; que conviene que todos sean arcabuceros; se llevará "cuatro mosquetes de respeto, más o menos, para un fuerte;

los arcabuces serán cortos, ya que siempre alcanzan más que la flecha o dardo; lleven siempre espadas o medias espadas o cuchillos largos; los de a caballo llevarán siempre sus morriones con orejas, que cubren el rostro; y el que pudiere, traiga petral de cascabeles, que es muy bueno, porque así se atemorizan los indios".

Advierte también el modo de hacer soldados y prevenir sacerdotes, medicinas, armas, municiones, herramientas y matolajes; además de llevar mantenimientos y semillas para sembrar.

Enseña, entre otras cosas, a la manera de Díaz del Castillo, de desbaratar con los caballos, metiendo confusión entre los indios y con las lanzas altas dar en las cabezas.

Les enseña a tomar los altos y a dar trasnochadas, que deben dar para prevenirlas y es una manera de sorprender antes que aparezca la luz.

También se deben de dar trasnochadas habiéndose alzado la provincia, quebrando la paz que hubiesen dado. La mejor trasnochada es la noche lluviosa y tempestuosa.

Sobre el modo de dar trasnochadas, uno era mandar algún intérprete, fingiendo que les quería hablar de parte de los españoles, "haciéndolos juntar aquella noche para que se dé el albazo de ellos. Esto se entiende con gente que se ha rebelado y quebrado la paz, que con gente nueva no se debe hacer".

Téngase bien presente esta regla para la tratación del ardid con que se dio muerte a Lempira.

Después de esto, da las reglas de dar y recibir emboscadas; que se deben dar siempre emboscadas al enemigo.

Por otra parte, los indios naturales sabían dar bien sus ardides; especialmente usaban "guazavaras", o batallas, que suelen representar convocando y juntando toda la tierra contra los nuestros, que acaecerá muchas veces juntarse para cada soldado cien indios.

Era regla el rehusar de llegar a las manos, ofreciendo siempre paz; pero dice Vargas Machuca "y cuando el indio no viniere en ello, aprieten la mano, pues es permitida la defensa natural; "Y visto que no se puede excusar de venir a las manos, pasen por ellas rompiendo por la parte que hiciere quiebra, revolviendo sobre ellos para cogerlos en medio, y la caballería rompa primero si no fuere gente de lanza, y los arcabuceros hagan su tiro bajo como ya está advertido, procurando siempre que los primeros tiros se empleen en los más señalados... De manera que son importantes los buenos arcabuceros, porque son los que desbaratan al enemigo".

Es interesante ver la descripción que Vargas Machuca hace de los indios que dan la guazavara, porque sirve para hacerse una idea de lo que ocurría en las guazavaras que los indios de Lempira daban a los españoles.

En el capítulo titulado: Orden de los indios en dar la guazavara, dice:

"Con estas prevenciones y avisos, el caudillo dé el Santiago, habiendo hecho la oración y requerido al indio con la paz y hecho parlamentos a los suyos... Vuelvo a la orden con que los indios entran a la guazavara, para la cual se junta toda la tierra y de tal manera que los enemigos se hacen amigos, para aquel día, o la mayor parte, aunque tengan declaradas sus guerras para contrastar los nuestros. Y si algunos dejaren de entrar en esta liga, nuestro caudillo procure aliarse con ellos, que con facilidad acudirán a ello; y los que dan la guazavara aquel día, echan sus gallardetes con mucha y varia plumería, muy pintados el cuerpo y cara de colorado, amarillo y negro, con sus colas de animales colgadas de la cintura y en la frente."[16]

Los capitanes se ponen manos de tigres o leones y la misma cabeza de león desollada a modo de montera, echando todo el oro que tienen de joyas encima; en los pechos, patenas y águilas; en la cintura un cinto de cuentas de hueso y de oro; en la nariz cuelgan caracuries y en las orejas, orejeras a modo de zarcillos, más son grandes de diversas maneras; en las muñecas sus brazaletes y al pescuezo cuentas de hueso y de oro; muchos cascabeles en la cintura y de caracoles lo propio. Vienen en cueros y los cabellos largos y trenzados, y los que lo traen cortado son los mejores guerreros. Y para este día particularmente se emborrachan, aunque ellos siempre lo están, y el más borracho entre ellos es el más valiente. Vienen haciendo mil ademanes y matachines, y acabada la borrachera se acaba la

---

[16] Algo parecido debió suceder en algunos de los encuentros con Lempira, puesto que Herrera dice que los indios neutrales estaban mirando y esperando para entrar.

guazavara, y como no quede por ellos el campo, se retiran o huyen sin orden.

Traen formados sus escuadrones a su modo y señalados sus capitanes, para gobernar y animar; vienen siempre delante y cada nación e parentela reconoce su caudillo, le obedece y todos los caudillos y capitanes no reconocen superior entre ellos en la ocasión, y así en comenzándose a desbaratar, luego son perdidos. Estos caudillos se conforman con el que primero habla y da la voz; a ese siguen y así es en el huir.

En el entretanto que dura la guazavara no cesan de dar voces y alaridos; con esto se alientan y piensan que nos atemorizan. Los instrumentos de música que traen son unas trompetillas de colas de armadillos, caracoles grandes, fotutos, tamboretes, que con esto y la vocería de tanto número de gente, los nuestros casi no se oyen los unos a los otros, y a este tiempo es menester grande reportación.

Las armas que traen las reparten por su orden: si usan lanzas y rodelas, las echan delante y detrás la gente de dardos y hondas, y los lanceros se bajan para que el de la honda haga su tiro; y si usan flecha, cierran, cada uno trae su macana colgada a las espaldas y sus carcajes al lado, y disparando las flechas cierran con las macanas, si les dan lugar a ello. Entran en media luna, procurando cercar los españoles, porque su fin e intento es cogerlos a las manos, y son tan bárbaros, que hay nación entre ellos que trae unas mochilas de red grandes, que cabe una fanega de trigo o maíz, para cargar los españoles que cogieren o mataren. Tras de estos vienen cantidad de indias con catabres para cargar la carne y tripas de los nuestros, que no es menos barbaridad.

También traen munición de flechas para la guerra, mazato y chicha para que beba y se refresque su gente; y por las lomas y sierras y en los árboles, es mucha la gente que está mirando la pelea...

Es gente que no guarda más que la primera orden, que es hasta representar la guazavara, porque luego se revuelven y pelean sin orden, y como sea gente de nueva conquista, si una vez los desbaratan, tienen a los nuestros por hijos del sol y juzgan ser los caballos y hombres todo una pieza e inmortales. Eso es donde nunca los han visto ni por noticia... Las cabezas las cuelgan a las puertas de sus casas y beben con los cascos de ellas en las borracheras grandes.

De las canillas de piernas y brazos hacen flautas; estas traen los grandes capitanes al cuello. Y donde comen carne humana, muelen los huesos y los beben en chicha.

Son muy pusilánimes, que si los desbaratan, huyen largando las armas y las indias los catabres en que habían de llevar la carne y los cántaros de chicha, y cada uno huye por su parte, que en un mes no se juntan. Y lo más que previenen los capitanes y caciques es enviar sus embajadores a dar la paz diciendo que quieren servir, y para esto traen algunos presentes de poca importancia, y el caudillo los debe recibir y regalar, sin embargo de lo pasado.

Entre muchas otras cosas, Vargas Machuca no deja de decir una de gran importancia para los que estudian las antigüedades, y es la de que a todos los lugares ponían inmediatamente su nombre los españoles. Era de regla:

Advertirá asimismo de poner nombre a todos los ríos, y que se los pongan los cabos que corrieren la tierra y cordilleras y lomas y quebradas.

Dejo lo mucho que se podría decir más; lo más singular, común a estas regiones, desde México hasta toda Honduras, era el hecho de que los indios, al acercarse los españoles, se retiraban a las sierras y se fortalecían en peñones inexpugnables, como lo hizo Lempira.

Y no quiero terminar sin referir lo que dejó escrito Bernal Díaz del Castillo (Conq. de N. Esp., c. 166): "Al principio, todas las provincias que havia en la Nueva España, las más dellas se alzaban quando les pedían tributo y aun mataban...".

Esto nos da la clave para entender una de las tantas causas por qué se rebelaron los indios, después de haber sido conquistados.

EL PEÑOL

No se puede descifrar el enigma de la muerte de Lempira, ni comprender lo que refieren los historiadores, si no conocemos lo que quieren decir todos los escritores antiguos cuando dicen: "peñol".

Porque Lempira y con él los doscientos pueblos que se levantaron, abandonaron las poblaciones y se fortalecieron en peñoles. Pero no se comprende a ciencia cierta si al decir peñol, significan una provincia, una región, una gran montaña, una altura, o simplemente un peñón, más o menos grande.

En efecto, en la información de méritos de Cáceres (l.c.), los testigos dicen: "fué público que el dicho pueblo e peñol de Cerquín..."; "provincia de Cerquín y peñol", "toma del dicho peñol"; el testigo Yllesca "se encontró en el peñol... 5 meses y 8 días poco más o menos... era muy fuerte y había mucha gente dentro".

En la carta del Licenciado Pedraza (l.c.), se encuentra:

"porque los indios avian andado corriendo fuera de sus pueblos y casas, con las guerras y trabajos pasados... y huidos por las sierras... de aquella provincia de los Caris y Carquis..."; "Juan de Chávez... entró por la dicha tierra por los términos desta cibdad, y llegó a un peñol muy fuerte qu'estava en la provincia de Cerquín, donde estava mucha gente..."

"....Alonso de Cáceres pacificando las dichas provincias con muchas fuerzas grandes que tenían en que estavan metidos y hechos fuertes los dichos naturales de la dicha tierra, especialmente el dicho peñol de la provincia de Carquín donde fué el dicho Juan de Chávez que no pudo ganar..."

Por su parte, Montejo se expresa así:

"todos estaban despoblados y rrancheados en asperezas de sierras... y un señor... junto toda la provincia y entraronse en un peñol la cosa más fuerte... pusiéronle cerco... estava repartido en ocho partes el cerco..."

"Estavan fazendo... en un peñol..." (Yamalá, en donde hay un peñón). (Carta de 29 de junio cit.).

Todas estas frases no aclaran la cuestión, porque ora parece que se trata del peñón aislado e inexpugnable de Cerquín, ora de la provincia, o también de todo el Congolón, que se encuentra en la provincia de Cerquín.

Para aclarar mejor se puede pedir ayuda a otros hechos similares en que la acción se cumpla en un peñol.

Por ejemplo, en la Crónica de Michoacán (publicada su 'Libro Viejo de la Fundación de Guatemala, Guatemala, 1934. Edición mexicana, 1932), se encuentra que "los Chichimecas... dejando sus casas y sementeras se subieron a las cumbres de las montañas, que llaman peñoles"; "se habían empeñolado en el Mixtón, que es una sierra muy alta con unas rocas..."; "guerreros que estaban en unas fuerzas (fortalezas) o peñoles..."; "Peñol Mixtón, alto, empinado y muy dificultoso..."

Bernal Díaz del Castillo (Cap. 144) narra cómo Cortés, para socorrer a los Chalcos (abril, 1521), fue a traer de paz a Cimaloacan y Yautepeque, y cuenta:

"Llegamos a un llano donde había unas fuentes de muy poca agua, a una parte estaba un gran peñol con una fuerza (fortaleza) muy mala de ganar... y como llegamos al paraje del peñol, porque vimos que estaba lleno de guerreros, y de los altos nos daban gritos y tiraban piedras, varas y flechas... mandó... era toda peña tajada... y comenzamos a subir por el peñol arriba."

"Desde otro peñol que estaba cerca dél... fuésemos todos los ballesteros y escopeteros... En llanuras que se hacen había... campos y mucha gente."

Parece que aquí tenemos a la vista el Congolón.

Si recurrimos al Diccionario de la Academia, encontramos que "peñol" es lo mismo que "peñón". Peñón, en primera acepción, es aumentativo de peña; en segunda acepción, es "monte peñascoso". "Peñasco" es "peña grande y elevada"; "peñascoso" aplícase al sitio, lugar o montaña donde hay muchos peñascos.

Finalmente, Herrera (1.c.) se pronuncia más claramente, al decir:

"Se levantó un valiente indio, en una provincia llamada Cerquín... Montejo, sabido el levantamiento, envió al capitán Cáceres con algunos soldados castellanos, para que pusiese a Lempira en obediencia, el cual ya había mandado fortalecer un peñol muy nombrado que llamaban Cerquín, y desde allí se defendía con daño de los castellanos."

Por lo dicho, aparece que, a pesar de la confusión de las varias expresiones, por "peñol" se entendía generalmente un lugar alto y peñascoso, grande o mediano, como el Congolón o como Cerquín, o como toda una montaña peñascosa a la cual se llegue difícilmente.

En el caso particular, los 30.000 soldados de Lempira estaban repartidos en todos los lugares peñascosos de la región con sus mujeres e hijos, para ponerlos en salvo.

Pero el cuartel general, la fortaleza más fuerte, era el peñón de Cerquín, es decir, aquel cerro que, entre el Congolón y Coyocutena, se muestra solitario, peñascoso e inaccesible; aquel cerro que siempre se ha conocido por Cerquín, no sabiéndose de otro lugar que lleve este nombre, si no es la antigua población que está casi pegada al peñón, en el cerro que se llama Eguate.

Ese cerro que Pedraza figura "tan derecho como una lanza, sin camino ni parte ninguna por donde pudiesen subir..." es el peñón que únicamente, en la actualidad, tiene por nombre CERQUÍN.

LA TOMA DE UN PEÑOL

Los españoles, desde que Cortés entró en la Nueva España, hasta que Honduras fue conquistada, experimentaron la guerra, que se puede llamar "de los peñoles".

Consistió esta en que los indios, especialmente los mayas, al acercarse los españoles, desamparaban las poblaciones, se llevaban todas las vituallas, se recogían a los altos de las montañas y se fortalecían en los peñones, como fortalezas inexpugnables, y de esta manera les dieron mucho que hacer.

Para dar una idea de cómo sucedió la toma del peñol de Cerquín, se puede recordar cómo sucedió la toma de un peñón, descrita por Bernal Díaz del Castillo. (Conq. de N. E., c. 144).

Era el 5 de abril de 1521. Cortés fue a socorrer a los de Chalco porque los mexicanos no viniesen y les diesen guerra.

"...Después de haber oído misa, que fue muy de mañana; y con mucho concierto fuimos caminando entre unos peñascos y por medio de dos sierrezuelas, que en ellas había fortalezas y mamparos, donde había muchos indios e indias recogidos e hechos fuertes; y dende su fortaleza nos daban gritos y voces y alaridos... Llegamos a un llano donde había unas fuentes de muy poca agua, y a una parte estaba un gran peñol con una fuerza muy mala de ganar, según luego pareció por la obra; y como llegamos en el paraje del peñol, porque vimos que estaba lleno de guerreros, y de los altos de él nos daban gritos y tiraban piedras, varas y flechas, y hirieron tres soldados de los nuestros, entonces mandó Cortés que reparásemos allí, y dijo: 'Parece que todos estos mejicanos se ponen en fortalezas y hacen burla de nosotros de que no les acometemos;' y esto dijo por los que dejábamos atrás en las sierrezuelas; y luego mandó a uno a caballo y a ciertos ballesteros que diesen una vuelta a una parte del peñol, y que mirasen si había otra subida más conveniente de buena entrada para les poder combatir; y fueron y dijeron que lo mejor de todo era donde estábamos, porque en todo lo demás no había subida ninguna, que era toda peña tajada; y luego Cortés mandó que les fuésemos entrando y subiendo.

El alférez Cristóbal del Corral delante, y otras banderas y todos nosotros siguiéndolas, y Cortés con los de a caballo aguardando en lo llano por guarda de otros escuadrones de mejicanos, no viniesen a dar en nuestro fardaje o en nosotros entretanto que combatíamos aquella fuerza; y como comenzamos a subir por el peñol arriba, echan los indios guerreros que en él estaban tantas piedras muy grandes y peñascos, que fue cosa espantosa, como se venían despeñando y saltando, cómo no nos mataron a todos; y fue cosa inconsiderada y no de cuerdo capitán mandarnos subir; y luego a mis pies murió un soldado... y todavía subíamos, y como venían las galgas rodando y despeñándose y dando saltos (que ansí llamábamos a las grandes piedras que venían despeñadas), luego mataron a otros soldados... y todavía subíamos, y luego mataron a otro soldado muy esforzado... y a otros dos descalabrados, y en las piernas golpes todos los más de nosotros, y todavía porfiar e ir adelante; y yo, como en aquel tiempo era suelto, no dejaba de seguir al alférez Corral; e íbamos debajo de unas como socarreñas y concavidades que se hacían en el peñol de trecho a trecho, a ventura de si me encontraban algunos peñascos entre tanto que subía de socarreña a socarreña, que fue muy gran ventura; y estaba el alférez Cristóbal del Corral mamparándose detrás de unos árboles gruesos que tenían muchas espinas, que nacen en aquellas concavidades, y estaba descalabrado y el rostro todo lleno de sangre y la bandera rota, y me dijo: 'Oh señor Bernal Díaz del Castillo, que no es cosa el pasar más adelante, y mirá no os cojan algunas lanchas o galgas; estése al reparo de aquesa concavidad;' porque ya no nos podíamos tener aun con las manos, cuanto más poderle subir.

En este tiempo vi que de la misma manera que Corral y yo habíamos subido de socarreña en socarreña venía Pedro Barba, que era capitán de ballesteros, con otros dos soldados; y yo le dije desde arriba: Oh señor capitán, no suba más adelante, que no se podrá tener con pies y manos, no vuelva rodando; y cuando se lo dije, me respondió como muy esforzado, o por dar aquella respuesta como gran señor, dijo que eso había de decir Sino ir adelante; e yo recibí de aquella palabra remordimiento de mi persona, y le respondí: 'Pues veamos cómo sube donde yo estoy;' y todavía pasé bien arriba; y en aquel instante vienen tantas piedras muy grandes que echaron de lo alto, que tenían represadas para aquel efecto, que hirieron a Pedro Barba y le mataron un soldado, y no pasaron más un paso de allí donde estaban; y entonces el alférez Corral dio voces para que dijesen a Cortés de mano a mano que no se podía subir más arriba, y que el retraer también era muy peligroso; y como Cortés lo entendió, porque allá abajo donde estaba en tierra llana le habían muerto tres soldados y herido siete del gran ímpetu de las galgas que iban despeñándose..., tuvimos arriba nuestras señas que nos mandaban retraer; y con buen concierto, de socarreña en socarreña bajamos abajo todos descalabrados y corriendo sangre y las banderas rotas, y ocho muertos..."

"Dejemos todo esto, y digamos cómo estaban muchas capitanías de mejicanos aguardando en partes que no les podíamos ver ni saber de ellos, y estaban esperando para socorrer y ayudar a los del peñol; y bien entendieron lo que fue, que no nos podríamos subirles en la fuerza, y que entre tanto que estábamos peleando tenían concertado que los del peñol por una parte y ellos por la otra darían en nosotros; y como lo tenían acordado, ansí vinieron a les ayudar a los del peñol; y cuando Cortés lo supo que venían mandó luego a los de a caballo y a todos nosotros que fuésemos a encontrar con ellos, y ansí se hizo; y aquella tierra era llana, y a partes había unas como vegas que estaban entre otros serrejones; y seguimos a los contrarios hasta que llegamos a otro muy fuerte peñol, y en el alcance se mataron muy pocos indios, porque se acogían en partes que no se podían haber... fuimos por una vega abajo cerca de otro peñol, que sería del uno al otro obra de legua y media... y ansi que nosotros llegamos nos comenzaron a dar grita y tirar galgas y varas y flechas desde lo alto; y estaba en esta fuerza mucha más gente que en el primer peñol, y aun era muy más fuerte, según después vimos; y nuestros escopeteros y ballesteros les tiraban, mas estaban tan altos y tenían tantos mamparos, que no se podía hacer mal ninguno; pues entrarles o subirles no había remedio, y aunque probamos dos veces, que por las casas que allí estaban había unos pasos, hasta dos vueltas podíamos ir, mas desde allí adelante ya he dicho peor que el primero; de manera que ansí en esta fuerza como en la primera no ganamos ninguna reputación, antes los mejicanos y sus confederados tenían victoria; y aquella noche dormimos en aquellos morales bien muertos de sed, y se acordó para otro día que desde otro peñol que estaba cerca dél fuesen todos los ballesteros y escopeteros, y que subiesen en él, que había subida, aunque no buena; porque desde aquel alcanzarían las ballestas y escopetas al otro peñol fuerte y podíanle combatir..."

Entretanto, los españoles hicieron alarde de acometer por todos lados el peñol, y los de arriba echaban tanta piedra grande y menuda que hirieron a muchos soldados; los cuales no podían tenerse con los pies y manos; entretanto los ballesteros y escopeteros les alcanzaban y mataban algunos y herían otros.

Y quiso nuestro Señor Dios que acordaron de se dar de paz, y fue por causa que no tenían agua ninguna, que estaba mucha gente arriba en el peñol, en un llano que se hacía arriba, y habíase acogido a él de todas aquellas comarcas, así hombres como mujeres y niños y gente menuda; y para que entendiésemos abajo que querían pacear, desde el peñol las mujeres meneaban unas mantas hacia abajo, y con las palmas daban unas con otras, señalando que nos harían pan y tortillas, y los guerreros no nos tiraban vara, ni piedra, ni flecha; y cuando Cortés lo entendió, mandó que no se les hiciese mal ninguno, y por señas se les dio a entender que bajasen cinco principales a entender en las paces; los cuales bajaron, y con grande acato dijeron a Cortés que les perdonase, que por favorecerse y defenderse se habían subido en aquellas fuerzas; y Cortés les dijo con nuestras lenguas doña Marina y Aguilar, algo enojado, que eran dignos de muerte por haber empezado la guerra; mas que pues han venido, que vayan luego al otro peñol y llamen los caciques y hombres principales que en él están, y traigan los muertos, y que lo pasado se les perdonará; y que vengan de paz, si no, que habíamos de ir sobre ellos y ponelles cerco hasta que se mueran de sed; porque bien sabíamos que no tenían agua porque en oda aquella tierra no la hay sino muy poca, y luego fueron a llamarlos ansí como se lo mandó.

He recapitulado aquí lo más posible la toma de este peñol, porque mucho se asemeja al de Cerquín, tanto en la forma del peñol, como en la manera de guerrear, como también en el peñol cercano, que podría compararse con la meseta de Eguate. Casi lo mismo debe haber sucedido en el sitio del peñol de Cerquín, que duró cinco meses y ocho días, poco más o menos, según dice un testigo ocular, citado en la Información de Méritos de A. de Cáceres.

Es digno de nota el conocer que tampoco en Cerquín puede haber agua; pero, al pie del peñón hay dos ríos que lo rodean. Además, poco abajo de la cumbre, frente a unas ruinas de habitaciones, encontré una especie de poza, actualmente no muy profunda, que debió servir para recoger el agua de lluvia y la que se traía de los ríos, para las necesidades de esa fortaleza.

En esa fortaleza se recogieron también mujeres y niños, como lo demuestran algunas piedras de moler maíz y cacao, que servían para las tortillas y la comida de guerreros. Había también una cueva bastante honda y grande, en donde se han encontrado restos arqueológicos de poco valor artístico, pero de algún valor histórico.

Página de la obra "Historia de las Indias Occidentales" en que el Historiador Oficial Don Antonio de Herrera se refiere a Lempira.

EL CAPÍTULO DE HERRERA, FUENTE PRINCIPAL PARA LA HISTORIA DE LEMPIRA

Hemos llegado a un punto en que se hace necesario tener a la vista el relato que ofrece el historiador de la Corte de España, don Antonio de Herrera, en su obra famosa "HISTORIA GENERAL DE LOS HECHOS DE LOS CASTELLANOS EN LAS ISLAS Y TIERRA FIRME DEL MAR OCÉANO", por Antonio de Herrera; la cual obra vio la luz primera en 1601 y tuvo varias ediciones y traducciones.

Se conoce ahora por el nombre de "DÉCADAS" y se está actualmente reimprimiendo en Madrid (1934) por la Academia de Historia.

El presente capítulo que vamos a reproducir, por necesidad y utilidad de los que desean entender mejor el episodio de Lempira, pertenece a la Década VI, Libro III, Capítulo IX.

Entre los capítulos que Herrera dedica a Honduras, éste es el más digno de fe, porque, como ya lo hemos dicho, procede de narraciones de parte española y de otras de parte indígena.

El Adelantado Montejo, en viéndose pacífico gobernador de Honduras, quitó los repartimientos a cuantos los tenían por don Pedro de Alvarado, como se dijo, y echó de la tierra todos los indios, que voluntariamente fueron de Guatemala, y trató de pacificar los pueblos que aún no estaban seguros e usó mucha diligencia e industria como persona de prudencia; y cuando pensó que toda la tierra estaba con quietud, de que mostraba mucha gloria, como lo había escrito al Virrey don Antonio de Mendoza, se levantó un valiente indio en una provincia llamada Cerquín, en los términos de la ciudad de Gracias a Dios, puesta entre sierras dificultosa para ser conquistada.

Este indio, llamado Lempira, que significa "señor de la sierra", convocó a todos los señores de la comarca, con los cuales, y los naturales juntó 30.000 hombres; persuadióles el cobrar libertad, siendo cosa vergonzosa, que tantos y tan valerosos hombres, en su propia tierra, se viesen en la miserable servidumbre de tan pocos extranjeros; ofreció de ser su capitán, y ponerse a los mayores peligros; aseguró que si estaban unidos sería cierta la victoria para ellos, y prometiendo de seguirle, unos por voluntad y otros por temor, se comenzó la guerra, y mataron algunos castellanos que hallaron descuidados por la tierra.

"El Adelantado Montejo, sabido el levantamiento, envió desde Gracias a Dios al capitán Cáceres con algunos soldados castellanos para que pusiese a Lempira en obediencia, el cual ya había mandado fortalecer un peñón muy nombrado que llamaban Cerquín, y desde allí se defendía con daño de los castellanos, que padeciendo en el sitio, que duró seis meses, grandes trabajos, por haber invernado en campaña, pudiera ser que no acabaran tan fácilmente la jornada, si no sucediera la muerte de Lempira, la cual sucedió de esta manera".

Había muchos principales que le seguían en esta guerra; unos contra su voluntad, porque no los tuviesen por cobardes; otros por respeto que tenían a Lempira; y otros hubo que le dijeron que dejase aquella guerra, y tomase por amigos a los castellanos, pues a cabo había de perder; pero él era tan animoso, que jamás mostró flaqueza, ni quiso dar oídos a los medios de paz que los castellanos le ofrecían, antes los tenía en tan poco, que desde su fuerte les decía muchas injurias. Visto su mucho atrevimiento, y que no se hallaba modo para aprovecharse de él, el capitán Cáceres ordenó que un soldado se pusiese a caballo, tan cerca, que un arcabuz le pudiese alcanzar de puntería, y que este le hablase, amonestándole que admitiese la amistad que se le ofrecía; y que otro soldado, estando a las ancas, con el arcabuz le tirase; y ordenando de esta manera, el soldado trabó su plática, y dijo sus consejos y persuasiones, y el cacique le respondía que la guerra no había de cansar a los soldados ni espantarlos, y que el más pudiese, vencería; y diciendo otras palabras arrogantes, más que de indio, el soldado de las ancas le apuntó cuando vio la ocasión, y le dio en la frente, sin que le valiese un morrión, que a su usanza tenía, muy galano y empenechado; cayó Lempira rodando por la sierra abajo, armado de aquellos sayos o corseletes de algodón, basteados, muy provechosos para la guerra de indios, que usan los castellanos. Con esta muerte de Lempira, que el día antes anduvo muy triste, se levantó gran alboroto y confusión entre los indios, porque muchos huyendo se despeñaron por aquellas sierras, y otros luego se rindieron.

Mucho antes que los castellanos llegaran a aquellas partes de Gracias a Dios, los indios tuvieron noticias de ellos, y no por eso dejaban las pasiones y guerras; porque en particular, los de Cerquín tenían por imposible que se pudiese llegar a donde estaban, por la multitud de ellos, y porque primero habrían de pasar por muchas tierras, y vencer muchas gentes, y en especial a los Cares y Potones, aunque entre ellos había guerra cruel, en la cual tenía Lempira tanta fama de valiente, que afirmaron, que en una batalla mató 120 hombres de su mano; y certificaron indios viejos que se tenía por cierto que Lempira estaba hechizado, o como dice el vulgo, encantado; porque en infinitas batallas en que se halló, jamás fue herido, ni le pudieron flechar. Era de mediana estatura, espaldudo, y de gruesos miembros, bravo y valiente, y de buena razón, nunca tuvo más que dos mujeres y murió de 38 a 40 años. Y los indios tenían por cierta opinión que si no muriera Lempira, Cerquín no se ganara tan presto; para esta guerra se pacificó y confederó con los Cares sus enemigos; juntó los hombres de más de 200 pueblos, y de señores y caballeros conocidos tenía más de 2.000. Su congregación fue en la Sierra de las Neblinas, en su lenguaje Piraera; adonde estaba una gran población, cuyo señor era Entepica, que en muriendo este, se dividió en muchos pueblos. Aquí se concertó la guerra, y nombraron por general a Lempira, el cual muchas veces acometió a los castellanos, a los indios mexicanos y guatemaltecas, que andaban con ellos, en los cuales hacía mucho daño, y los suyos le recibían; pero como eran tantos, no lo echaban de ver. Alonso de Cáceres le envió una embajada rogándole que aceptase la paz, y obedeciese al Rey de Castilla, prometiendo de tratarle bien: fue la respuesta matar a los mensajeros, porque no quería conocer otro señor, ni saber otra ley, ni tener otras costumbres de las que tenía; y cuando no se acertara la suerte de haberle muerto, como se ha dicho, con él se pasara muy gran trabajo.

Muerto Lempira, el capitán Cáceres envió a los señores que quedaban, un presente de camisas, alpargatas, gallos y paños mexicanos, y cuatro lanzas, apercibiéndoles que si no obedecían, morirían como su capitán.

Ellos, habido su acuerdo, enviaron otro presente de gallos, diciendo que se querían rendir al Gran Rey de Castilla, a quien ellos llamaban el ACAPUCA, que es tanto como decir el GRAN CRISTIANO; y que pues tan valientes hombres le servían, debía de ser gran Señor, y con grandes regocijos de atambores, caracoles, y otras maneras de placer, se pusieron en obediencia.[17]

---

[17] Para apreciar en lo que vale este capítulo que he copiado arriba, para utilidad y entendimiento de este trabajo, es bueno conocer cómo escribió Herrera su Historia o Décadas, los documentos que utilizó y el valor que daba a cada autor, que bien conocía, la pasión con que, en favor o en contra, trataba a los varios autores; sin decir de la crítica que le hicieron, y que efectivamente merece con respecto a Honduras, por haber, en casi todos sus capítulos, cometido errores históricos explicables solamente por haber consultado de prisa los documentos, y por no haber tenido a mano otros de la mayor importancia. Sin embargo, como excepción, podemos dar plena fe al presente capítulo, porque concuerda plenamente con lo que dicen Pedraza, Montejo y los testigos de vista de la información de méritos en la causa de Alonso de Cáceres, citada antes.

He aquí lo que dice en la Década VI, Libro III, Capítulo XIX:

"Cuando el Rey nuestro Señor D. Felipe II, de gloriosa memoria, me mandó escribir esta General Historia, ordenó que se me diesen los papeles que había en su Real Cámara y en la Guardajoyas y todos los que tenía su Secretario Pedro de Ledesma, adonde estaban los que enviaron a S. M. el Obispo Gobernador de Nueva España D. Sebastián Ramírez y los Virreyes D. Antonio de Mendoza y D. Francisco de Toledo, a fin de hacer Historia: entre los cuales se hallaron las Relaciones del Obispo Zumárraga y los Memoriales de Diego Muñoz de Camargo, de Fr. Toribio Motolinía y otros muchos; y también me dio los que para este efecto enviaron los Presidentes de las Audiencias Reales, Gobernadores y Ministros de todas las partes de las Indias, a instancia del Lic. Juan de Ovando, Presidente del Real Consejo Supremo de las Indias, que contiene la noticia del tiempo de la gentilidad de los indios con lo sucedido en las pacificaciones y fundaciones de los pueblos de castellanos con todo lo demás perteneciente a la composición de la República Espiritual y Temporal que también estaba en poder de Pedro de Ledesma. Vi, también, treinta y dos fragmentos manuscritos e impresos de diversos autores, con lo que dijeron Fr. Bartolomé de las Casas, de la Orden de Predicadores, Santo Obispo de Chiapa, y el Doctísimo Jusepe de Acosta, de la Compañía de Jesús, y las Memorias del Doctor Cervantes, Deán de la Santa Iglesia de México, varón diligente y erudito, los cuales sé de cierto que no vio el autor que ha sacado una Monarquía Indiana; y además de anteponerse a todos los dichos a los Padres Olmos, Sahagún y Mendieta, que no tienen autoridad, entiende que no se puede hacer Historia sin haber estado en las Indias, como si Tácito, para hacer la suya, hubiera tenido necesidad de ver a Levante, África y al Septentrión. Por lo cual y por la poca cuenta que los escritores de nuestros tiempos tienen de conservar la memoria de los primeros descubridores, siendo merecedores de mucha gloria, me ha parecido decir aquí lo referido, y que no sabría juzgar cuáles más en este autor, la ambición o el descuido en guardar las reglas de la Historia. Este trozo está reproducido, también, por el Dr. don Rómulo E. Durón, en su Bosquejo Histórico, Cap. VI, página 51.

ANTECEDENTES DE LA MUERTE DE LEMPIRA

Cuando se estudia serenamente la filosofía de la historia, se buscan las causas de los hechos y se encuentra siempre una razón de ser.

No fue un acaso la muerte gloriosa de este Caudillo que hizo temblar, de un cabo a otro, todo el territorio de Honduras.

Herrera refiere los relatos de los indios viejos, que se tenía por cierto que Lempira estaba hechizado, o como dice el vulgo, encantado, y que "los indios tenían por cierta opinión, que si no muriera Lempira, Cerquín no se ganara tan presto"; porque "desde allí se defendía con daño de los castellanos, que padeciendo en el sitio, que duró seis meses, grandes trabajos, por haber invernado en campaña, pudiera ser que no acabaran tan fácilmente la jornada, si no sucediera la muerte de Lempira".

Hay más. Aseguran los testigos en la probanza de méritos de Cáceres (1.c.) que los españoles, imitando a los que anteriormente habían ido con Juan de Chávez, querían abandonar la empresa por ser muy difícil y ellos tan pocos; y que si no hubieran tomado el peñol, los otros indios que estaban a la expectativa, se hubiesen lanzado sobre ellos y los hubiesen matado a todos. Lo mismo asegura el Licenciado Pedraza.

Por lo tanto, los españoles estaban ya a la desesperación.

En el caso de esta guerra se deben tener presentes también dos hechos:

Las últimas palabras se dirigen contra Torquemada, autor de la obra titulada Monarquía Indiana, y contra otros, los cuales, por no haber guardado la seriedad debida en escribir Historia, han hecho caer en gravísimos defectos a un gran número de historiadores posteriores que han escrito sobre los orígenes de México y de Centroamérica; errores que se han refundido sobre los orígenes de las gentes mayas, y que solamente ahora, por medio de la arqueología y de los modernos métodos de historia, se pueden remediar.

La más castigada y perjudicada en este sentido ha sido la historia de los orígenes de Honduras, cuyo territorio se ha imaginado invadido por mexicanos, lo que nunca ha sucedido.

El uno, que los indios se veían agravados por los maltratos e injusticias de los españoles de Alvarado y de Chávez, y por lo tanto, se habían rebelado.

El otro, que habiéndose rebelado después de haberse dado de paz, o por lo menos, habiendo creído los españoles que se habían dado de paz (hecho que Montejo niega, porque asegura que todo lo encontró de guerra, y nunca se habían dado de paz), por el mismo hecho se habían puesto fuera de la ley, según las reglas de guerra que regían entonces en las Indias; aunque esto parezca, y en efecto sea, un contrasentido.

Pero es necesario ponerse en contacto con la realidad de los hechos y tener presentes las reglas que da Vargas Machuca, para entender bien lo que sucedió. Dice (1.c.):

"La trasnochada, o sea el asalto repentino antes del alba, se debe de dar habiéndose alzado la provincia, quebrantando la paz que hubiesen dado. Esta trasnochada ha de ser con la mayor presteza posible y con muy gran cuenta y aviso por el alboroto y vigilancia que los indios traen consigo, huyendo del castigo que esperan".

Para esto, se usaba también la maña de hacerlos juntar todos en un sitio, enviando una lengua o mensajero, "como que los quiere hablar de parte de los españoles", haciéndolos juntar aquella noche para que se dé el albazo de ellos. Esto se entiende con gente que se ha rebelado y quebrado la paz, que con gente nueva no se debe hacer".

Todavía otra regla, obligatoria para los españoles, regla que venía de las Leyes de Indias y de la misma naturaleza, de que siempre debían ofrecer la paz. Este ofrecimiento, en la práctica, los caudillos españoles lo habían trocado en obligación de parte de los indios, de darse de paz, si no querían ser obligados a entregarse por la fuerza.

Muchos son los ejemplos que ofrecen las cartas de Cortés, La Conquista de la Nueva España, por Bernal Díaz del Castillo, y en general, todos los Cronistas de América.

Viene al caso el ejemplo dado por Hernando de Chávez, referido por Fuentes y Guzmán (Record. Fl., II parte, I. IV, c. IX, p. 204), y por Juarros (Trat. V, cap. VI, y II, p. 112). Juarros exagera un poco lo dicho por Fuentes, pero saca noticias del Lib. 1° de Cabildos de Chiquimula, fol. 162. Era el año 1530.

Terminada la guerra de Yzquipulas, Hernando de Chávez se dirigió contra Copán; pero el Chávez, queriendo justificar la guerra, con intentar todos los medios que sean conducentes a la paz, acompañado de algunos caballeros bien armados, y llevando a su lado a Gaspar de Polanco, se acercó por la parte más enjuta de la campaña, a poca distancia del foso, y hecha señal de que pedía plática, por medio de un buen faraute o intérprete, habló de aquesta forma: "Valeroso Copán Calel, de paz quiero verte...".

A todo estuvo atento Copán Calel, pero prorrumpió colérico y mal aconsejado estas palabras: 'Déjate de reconvenirme...'". A la última palabra acompañó la algazara y el tiro de una flecha, señal para que a carga cerrada, descargasen sobre el Chávez y su escuadra inmensas lluvias de saetas, piedra y vara, que le obligaron a retirarse a paso largo.[18]

No otra cosa hizo Lempira con dos mensajeros, según expresa el documento que usó Herrera (1.c.):

Alonso de Cáceres le envió una embajada rogándole que aceptase la paz, y obedeciese al Rey de Castilla, prometiendo de tratarle bien: fue la respuesta matar a los mensajeros, porque no quería conocer otro señor, ni saber otra ley, ni tener otras costumbres de las que tenía.

---

[18] Otros casos que se pueden referir, de que en aquel tiempo se acostumbraba no observar regla ninguna de respeto con ocasión de embajadas, tanto hacia los embajadores como a los que los recibían, son los siguientes:

Bernal Díaz del Castillo (o. c., p. 221) cuenta que cuando volvían de Honduras con el Capitán Marín, para México, en Atatlán maltrataron a los mensajeros.

En 1525, Caibil-Balam, señor de los Mames de Zakuleu, recibió con descarga de flechas a los enviados de Gonzalo de Alvarado (Cfr. Milla, Hist., c. VIII).

En 1526, el teniente general Portocarrero, que sitiaba a los cakchiqueles en Ruyalxot (Comalapán), envió un mensajero con una carta al rey de los sitiados, Beleché Qat, y éste tomó la carta y, encendido de cólera, la desgarró y dio orden de matar al mismo enviado. (Cfr. Milla, c. IX).

Tezozómoc (Cap. XXXII, p. 329 y cap. XC, p. 604) da cuenta de la muerte de los embajadores mexicanos por los de Tutepec Quetzaltepec.

Cogolludo narra que Tutul Xiu de Maní envió emisarios a los Cocomes para que dejaran pasar a los ofrendarios que iban a sacrificar al Cenote (pozo) de Chichén Itzá por causa de calamidades que pasaban en el pueblo.

Los Cocomes alojaron a los emisarios, y por la noche les dieron muerte a todos, con prender fuego a la casa.

Lempira conocía que, según sus costumbres, tenía derecho a defenderse de aquella manera.

De otra parte, las leyes de la conquista se habían impuesto, con o sin el consentimiento del Rey y del Consejo de Indias. Según las leyes prácticas de la conquista, se vio claro, según dice Herrera, que cuando no se acertara la suerte de haberle muerto, con él se pasara muy gran trabajo.[19]

OTROS ANTECEDENTES DE LA MUERTE DE LEMPIRA
EL MUNDO MAYA

Entre los antecedentes principales de la muerte de Lempira, hay uno que ha escapado a la observación de todos los que han escrito acerca del Caudillo: y es que Lempira era MAYA, de los Maya Serranos de Honduras, que estaban ligados íntimamente a los del Río Ulúa.

Este río principal y de gran importancia en el mundo Maya, se conocía por ellos con el nombre de BALAH-AMA, o sea "Río del Tigre" (por lo tanto, río sagrado), y con sus fuentes ocupaba toda la "TIERRA DE MAYA".

Esta "TIERRA DE MAYA", que Colón conoció solamente hasta más allá de Trujillo, se extendía por todo el Valle de DZULA (?), hasta Yucatán y más allá; hasta Comayagua y más allá; hasta Olancho y más allá; en fin, toda Honduras y más allá.

Estos MAYA estaban íntimamente emparentados con los MAYA de Yucatán. Los nombres geográficos de Honduras saben todavía mucho de la lengua de Yucatán.

Ahora bien, los Maya, como los demás centroamericanos que de ellos habían recibido una influencia milenaria, fueron religiosos y supersticiosos hasta en los mínimos actos de la vida y habían creado un ambiente milenarista, en el sentido de las varias edades del mundo, que cuatro veces creado y destruido, debía destruirse y renacer por la cuarta vez, en el preciso momento en que estaba luchando Lempira.

---

[19] Vargas Machuca: — "Rehusen llegar a las manos, ofreciendo siempre paz, y cuando el indio no viniere en ello, aprieten la mano, pues es permitida la defensa natural..." (p. 261).

Remito la consideración de todo esto al estudio que hice separadamente poco tiempo ha, y publicaré como Apéndice, al final de este trabajo.[20]

Entretanto, debo decir que, al esperarse el fin del mundo y el NUEVO AMANECER, todo se paraba; se creía en la destrucción de todos los seres, hasta de los dioses, y se esperaban, con un nuevo SOL, los nuevos seres, los nuevos dioses y los nuevos sacerdotes, a la par de los nuevos Regidores que dominarían la tierra, en cambio de los viejos Señores, que deberían caer.

De todo esto, además de lo que se predecía en los calendarios, casi a semejanza de lo que se encuentra en los calendarios agrícolas de nuestros tiempos, existían, desde épocas anteriores, unas como profecías o pronósticos, que anunciaban la llegada de gente barbada que llevaría una señal como de Cruz, y llegarían por este tiempo a las costas de Yucatán.

Los Maya, gente agrícola y cazadora por excelencia, tenían también su calendario agrícola, y se regían aún por otro calendario cronológico y solar, en combinación con el calendario religioso. En el paso del sol por el cenit solían comenzar su año de 360 días, más cinco días sin nombre y aciagos, dentro de los cuales, y aún con anterioridad, ayunaban y hacían ceremonias variadas de penitencias y de exorcismos para aplacar y echar a los espíritus malignos y atraer el influjo de los Bacabes favorables.

EL FIN DEL MUNDO EN HONDURAS

Le tocó a Honduras, antes de Yucatán, recibir a los españoles y a Montejo, en el año de 1536, cuando ya comenzaban las angustias por el final del BAKTUN, o sea, del fin del siglo maya. La coincidencia y las calamidades consecutivas impresionaron hondamente a los Señores Maya de Honduras, y principalmente a los del área de Cerquín, al momento en que Alvarado, a mitad del año de 1536, pasó por su territorio; fueron después vejados por Juan de Chávez y

---

[20] Conferencia leída en el Paraninfo de la Universidad de Tegucigalpa, ante la Federación de Sociedades Profesionales Universitarias de Honduras, el 3 de septiembre de 1942, y publicada en El Cronista de Tegucigalpa, D. C., el 17, 18, 19 y 20 de noviembre de 1942.

sostuvieron además el sitio que les dio Alonso de Cáceres en el peñón de Cerquín.

Ahora bien, precisamente el pronóstico ordinario de los años de 1536, 37 y 38, se cumplió con una exactitud tan extraordinaria, que en sentido cristiano se podría llamar providencial.

LA COINCIDENCIA DE LOS PRONOSTICOS EN HONDURAS

El Obispo Landa pone el comienzo del año, para Yucatán, que está más próximo a la línea solsticial, en 16 de julio. Los dos pasos del sol por el cenit de Copán, que está en 14° 50', se efectúan el 30 de abril y el 13 de agosto de cada año. Cerquín está situado a cerca de medio grado más al sur, y por lo tanto, con unos tres o cuatro días de diferencia.

Sea lo que sea, debió existir desde remotísimos tiempos un calendario común, por el cual se regían muchos pueblos maya en el territorio de Honduras. Esta suposición no es aventurada, cuando se sabe que en Honduras se inventó en 133 antes de Cristo el año bisiesto, por el cual se añadió un día inútil cada cuatro años.

En todo caso, tenían mucha importancia, para los pronósticos, los días aciagos anteriores al comienzo del año nuevo.

Fundados en la Relación del Obispo Landa, acerca de las cosas de Yucatán, sabemos que el año de 1535-36 (de 16 de julio a 16 de julio) tenía por nombre Ix y su Bacab era Zaczini, que reinaba en el Norte.

Según Landa, si eran negligentes en el culto de los Bacabes, debían sufrir muchas miserias en este año... También decían que habría mudanza en el mundo de los señores o de los sacerdotes... Tenían también pronóstico: "que de los que quisiesen ser señores no prevalecerían".

Efectivamente, en este año, mayo, junio y julio de 1536, pasó Alvarado, hizo el repartimiento y echó abajo a todos los señores. Y Lempira, que se hizo elegir jefe supremo, no prevaleció, porque al cabo de dos años cayó y todo se desbarató.

El año siguiente, 1536-37, era año bisiesto, su letra era Cauac y reinaba Hozanek, el Bacab negro del oeste, el ser subterráneo malo. Debía ser un año pésimo, porque además de una gran mortandad, les estaba pronosticando que "los muchos soles les habrían de matar los maizales, y las muchas hormigas y los pájaros comerse lo que sembrasen".

En verdad, el año fue malo, antes pésimo. Las grandes mortandades que hizo al pasar Pedro de Alvarado, las de Juan de Chávez al regresar y las de Cáceres y de los otros españoles legitiman el mal agüero, además de que los indios, refugiados en altas peñas, no pudieron sembrar su maíz y estuvieron llenos de miedo sobre el porvenir.

Debió ser por la segunda mitad de julio de 1538 o a principios de agosto, en los días en que se suspenden momentáneamente las lluvias, que cayó Lempira.

Ahora bien: el año maya de 1537-38 tenía por nombre KAN (maíz) y su Bacab era Obnil, que reinaba en el mediodía. "Este año debía ser bueno".

Sin embargo, muchas veces "les venían miserias", y por eso sacrificaban a un hombre o a un perro sacándole el corazón y ofreciéndolo al Bacab protector.

Lempira, confiado en el buen pronóstico, debió comenzar a acosar a los españoles y empezar duramente la guerra, fortaleciéndose en los peñones. Efectivamente, al principio de 1538, Cáceres se vio en aprieto y pidió refuerzos; escasamente podía defenderse y temió no acabar, especialmente habiendo ya entrado la estación de las lluvias. Seis meses duros fueron esos, en que los otros indios estaban esperando entrar en guerra ellos también, para acabar con los españoles.

El año de 1538-39 se llamaba Muluc y reinaba el Bacab Canzienal en la parte del oriente. Hacían muchos sacrificios de sangre y muchas ceremonias en los días aciagos con que terminaba el año anterior. "Habían de temer si no hacían las cosas dichas, mucho mal de ojo". "Tenían otras muchas miserias y malas señales aunque era bueno el año si no hacían los servicios que el demonio les mandaba".

Acaso este año no pudieron efectuar las ceremonias mandadas, por lo menos, como las debían hacer. Es probable que Lempira murió por este tiempo, porque Herrera da por seña que había ya entrado el tiempo de los aguaceros que ponían en peligro a los españoles, "por haber invernado en campaña". Los grandes aguaceros se dan en el segundo paso del sol por el cenit; es decir, entre el fin y el comienzo del antiguo año maya.

En todo caso, en este año sucedieron grandes acontecimientos: la caída de Lempira y la toma de la formidable fortaleza de Cerquín; la tercera fundación de la ciudad de Gracias, en el segundo domingo de enero de 1539, cuando el Obispo Pedraza plantó el árbol de la Santa Veracruz; y poco después, la toma del Peñón de Tenampúa y la segunda fundación de la ciudad de Comayagua.

LA CATÁSTROFE FINAL DE CERQUÍN

Los Maya Serranos de la región de Cerquín conocían seguramente las palabras fatales que constituían las bases de sus creencias, entre las cuales entraban las periódicas destrucciones del mundo al final de una época. Siendo cohermanos con los Maya de Yucatán, debieron, más o menos, poseer el sentido de los mismos vaticinios, que predecían la catástrofe final inevitable. Acaso, en sus contactos con Yucatán, por medio de los mercaderes del Río Ulúa, habían oído las mismas palabras de las profecías de los Chilanes de Maní, que se cantaban desde más de 80 años en todos los pueblos.

Si queremos una prueba de ello, veamos algunos de los hechos que antecedieron y acompañaron a la muerte de Lempira.

Al examinarlos, no deja de impresionar, ante todo, el trabajo que costó a Lempira pacificarse con los Cares del Oriente y con los Potones del Sur. Dice Herrera (1. c.): "Mucho antes que los Castellanos llegaran a aquellas partes de Gracias a Dios, los indios tuvieron noticia de ellos y no por eso dejaban las pasiones y guerras".

Mucho más le costó después convencer a los dos mil Señores de la Comarca, que por fin, al ofrecerse Lempira como su capitán, asegurando que se expondría a los mayores peligros, prometieron seguirle, "unos de voluntad y otros por temor", y solamente así se comenzó la guerra.

Y que así fuese lo demuestra el hecho de que la verdadera lucha, según todas las apariencias, se limitó por fin únicamente al peñón de Cerquín, que era, como todos decían, el baluarte más fuerte y, de veras, inexpugnable. Estaba situado en una estribación de la Sierra de las Neblinas, junto a la antigua población de Cerquín (este lugar se llama hoy Eguate), que, según los indicios que tenemos, era la residencia del Caudillo.

La mayor parte de los jefes y la mayoría de los indios estaban desparramados en Coyocutena, en el Congolón, en el Cerro del Broquel, cerca de Gualcinse, y probablemente en el Cerro Gualacapa, entre el Congolón y Valladolid.

Según Herrera, "Había muchos principales que le seguían en esta guerra; unos contra su voluntad, porque no los tuviesen por cobardes; otros por respeto que tenían a Lempira; y otros hubo que le dijeron que dejase aquella guerra, y tomase por amigos a los Castellanos, pues al cabo había de perder...".

Ahora bien, toda esta frialdad, después de haber tomado las armas para cobrar libertad, después de haber sido tan ofendidos por las huestes de Pedro de Alvarado y de Juan de Chávez, que les tomaron miles de esclavos, les mataron niños y les sacaron mujeres, repartiendo además la tierra entre los soldados; toda esta frialdad, mientras estaban cansando a los pocos que los sitiaban, no es tan comprensible, si no se añade que esperaban algo fatal para ellos, que les persuadía de la inutilidad de la resistencia. Y ese algo, además de la violencia y agresividad de los españoles, eran especialmente los vaticinios que ejercían un influjo fatal sobre los ánimos de los más aguerridos.

EL FIN DE LEMPIRA

El haber ido a la guerra sin voluntad la mayor parte de los jefes dio por resultado el desastre final.

Lempira había asegurado que se expondría a los mayores peligros. En efecto, se puede imaginar, por el relato de Herrera, que cada día se presentaba en la cumbre del peñón, situada en la parte oriental, sobre el campo de los españoles, desafiándolos y provocándolos, seguro de su invulnerabilidad.

Pero hubo un día de gran tristeza para él: el día anterior a su muerte. Era el presentimiento; probablemente pensaba en el fin desastroso; acaso era uno de los días aciagos.

Que los jefes estaban preocupados lo demuestra la última catástrofe.

"Cayó Lempira rodando por la sierra abajo... Con esta muerte de Lempira, que el día antes anduvo muy triste, se levantó gran alboroto y confusión entre los indios..." (Herrera, I. c.).

Fue, pues, suficiente que el Caudillo desapareciese para que se apoderara de todos el temor pánico: muchos, huyendo, se despeñaron por aquellas sierras, y otros luego se rindieron.

Ahora bien, no se hubiesen rendido tan pronto, que al decir de Montejo, al mediodía todo estaba de paz, si no hubiesen tenido el ánimo preparado.

EL NUEVO AMANECER DE HONDURAS

El Chilán Balam de Maní recomendaba ir al encuentro de los hermanos mayores, los hombres barbados, los del Este, los portadores del signo divino, y a pesar de la destrucción de todo el mundo anterior, los confortaba con estas palabras:

"Multiplicad vuestra buena voluntad, oh Itzalanos, ahora que está el nuevo amanecer por iluminar al Universo, y la vida está por entrar en una edad nueva".

En esta Nueva Era debieron pensar los Jefes de la Provincia de Cerquín al dejar inmediatamente las armas.

Muerto Lempira, el Capitán Cáceres envió a los Señores que quedaban un presente de camisas, alpargatas, gallos y paños mexicanos, y cuatro lanzas, apercibiéndoles que si no obedecían, morirían como su capitán. Ellos, habido su acuerdo, enviaron otro presente de gallos, diciendo que se querían rendir al Gran Rey de Castilla, a quien ellos llamaban el Acapuca, que es tanto como decir, el "Gran Cristiano" (1); y ya que tan valientes hombres le servían, debía de ser gran Señor, y con grandes regocijos de atambores, caracoles y otras maneras de placeres, se pusieron en obediencia." (Herrera, I. c.)

MUERTE DE LEMPIRA

Al tratar de la muerte de Lempira, aunque sea con toda serenidad, hay que levantar el espíritu y ver, no a un hombre, sino a un héroe, colocado en lo alto de Cerquín, como una estatua que enseña un pasado y un porvenir.

Efectivamente, Lempira fue valiente y fue víctima de su mismo valor.

Juzgando los hechos de la historia desapasionadamente, se ve a un caudillo que había sublevado, no solamente una provincia, sino a toda Honduras[21], en el momento en que los españoles iban a posesionarse de este territorio en la creencia de haberlo ya sometido; por lo tanto, ante la ley de guerra de los españoles, iba a ser tratado como un rebelde que debía ser sojuzgado por la fuerza.

Ante su rebeldía, Montejo había mandado al Capitán Cáceres, no a castigarlo con privarlo de la vida, sino solamente a reducirlo a la obediencia[22].

---

[21] Entre los hechos que prepararon el levantamiento de los indígenas, hay uno que ha sido recogido por el Profesor J. Aguilar Paz, de la tradición de los ancianos de Talgua, y me lo ha comunicado amablemente.

Dice la tradición que Lempira fue a Talgua, y en el cerro inmediato de Capiro reunió a los Señores, venidos de varias partes, exhortándolos al levantamiento.

En efecto, se levantaron todas las poblaciones del Río Ulúa contra los españoles de Alvarado y de Montejo, que lucharon en varias partes, y expugnaron el peñón de San Francisco de Ojuera para asegurarse el paso al Valle de Comayagua. En mi último viaje he evidenciado el hecho, puesto que Talgua es un punto central de vías de comunicación, y encontré peregrinos de Esquipulas que regresaban al valle de Comayagua, pasando por Talgua.

En la información de los servicios de Alonso de Cáceres, hecha en 1560 (Arch. gen. de Indias de Sevilla, legajo 63, ramo 22 (favor del señor Licdo. Ernesto Alvarado García), todos los testigos hablan de los numerosos levantamientos y del levantamiento general suscitado por Lempira.

[22] La carta de Montejo (de 1° de junio de 1539, Revista del Archivo, tomo IV, página 155) es muy clara al respecto. Mientras se estaba haciendo el repartimiento, los indios se sublevaron y mataron a algunos españoles en la provincia de Cerquín. Montejo castigó a algunos jefes y a los demás señores "devolvió muy contentos a sus casas, y un señor, que no se pudo haber, juntó toda la provincia y entráronse en un peñol, la cosa más fuerte que hay en estas partes, y metieron en él muchos bastimentos... pensaron que era imposible entrarles; y luego que supe que se habían metido en el peñol, envié un capitán sobre ellos... pusiéronle cerco... e duró este cerco seis meses... me vino nueva que con la ayuda de Nuestro Señor se había tomado el peñol por fuerza, sin peligro de ningún español, aunque algunos quedaron heridos, y en medio del día tomados todos los indios que dentro estaban, y ansí tomados los dejaron salir libres sin tocar en ninguno de ellos, a ellos e sus mujeres e hijos, e los enviaban a sus casas, porque yo ansi se lo había enviado a mandar que se hiciese...".

Pero, dado el estado de efervescencia que ya se había producido, y ante la dificultad de expugnar el peñol en que Lempira se había encerrado con su cuartel general; ante este jefe, que probablemente iba de peñón en peñón durante la noche oscura, para animar a la resistencia, llevar una palabra de aliento y dirigir alguna "trasnochada" o "guazavara"; ante el peligro de que todos los indios, a un tiempo, cayeran sobre los españoles y, matándolos a todos, acabaran con la guerra; ante el dilema de la vida o de la muerte, los españoles consideraron que era necesario, de cualquier manera, aún con una estratagema, que Pedraza llama "cierta industria", reducir a la impotencia a este caudillo, que era el alma de la sublevación, con lo cual ésta acabaría.

Hemos visto las reglas de guerra de aquel tiempo.

Una de ellas era presentar o imponer la paz antes de apretar la mano.

Se ha visto que Copán Calel, ante el parlamentario, que era el mismo capitán Hernán de Chávez, no tiene contemplaciones.

Le responde increpándole y echándole encima los escuadrones de sus guerreros. Hay más: al leer los hechos de los Maya y de sus ramas afines y consanguíneas, se descubre que no estaban acostumbrados a respetar a los embajadores, sino que los sacrificaban.

De la misma manera, Lempira había matado a dos mensajeros de paz que le envió Cáceres.

Era la guerra de indios, sin regla ni ley; regía la ley del más fuerte, como lo hace entender la respuesta dada por Lempira al nuevo mensajero: "que la guerra no había de cansar a los soldados ni espantarlos, y que el que más pudiese, vencería...".

Se añade lo que dice Herrera (I. c.): "El adelantado Montejo, sabido el levantamiento, envió desde Gracias a Dios al Capitán Cáceres con algunos soldados castellanos, para que pusiese a Lempira en obediencia, el cual ya había mandado fortalecer un peñol muy nombrado que llamaban Cerquín, y desde allí se defendía con daño de los castellanos, que padeciendo en el sitio, que duró seis meses, grandes trabajos, por haber invernado en campaña, pudiera ser que no acabaran tan fácilmente la jornada, si no sucediera la muerte de Lempira, la cual sucedió de esta manera".

Por lo tanto, el primer intento no fue la muerte, sino reducirlo a la obediencia. La muerte fue un accidente secundario, porque sucedió como consecuencia del ardid empleado para reducir por la fuerza al caudillo.

He aquí por qué este Caudillo, desde su fortaleza de Cerquín, en la que se sentía muy fuerte, acaso todos los días, acaso a una hora determinada, increpaba a los españoles que estaban cerca sitiando el peñol[23].

El cerco estaba repartido en ocho partes[24]. No indica Montejo ni otros los ocho lugares en donde cerraban el cerco los sitiadores; pero es de suponer que por Azacualpa, que domina a Cerquín, se habían apoderado de Eguate y allí habían puesto, según sus reglas de guerra, una de sus fortalezas en frente de la de Lempira.

Por lo visto, una de las reglas consistía en mostrar que se les quería hablar y, entre tanto, se les echaba encima. Y otra costumbre había entrado en boga: parlamentar ofreciendo paz, y no aceptada ésta, el que más listo era se lanzaba sobre el otro con toda la fuerza que podía.

Es precisamente por esta razón que el Licenciado Pedraza, casi adelantándose para asegurar que no se cometió un mal hecho contra Lempira, sino solamente un ardid de guerra, hace reflexionar que los que obraron esta hazaña se expusieron a una muerte cierta, y en esto hace hincapié, diciendo: "Se aventuraron ciertos, por cierta yndustria que hordenaron, aventurándose más para morir que para salir con la empresa".

Lo mismo se desprende, también, del relato de Herrera (I. c.) cuando dice que los españoles, "visto su mucho ATREVIMIENTO, y que no se hallaba modo de APROVECHARSE dél, el capitán Cáceres ordenó que un soldado se pusiese a caballo, tan cerca que un arcabuz le pudiese alcanzar de puntería, y que este le hablase, AMONESTÁNDOLE que admitiese la amistad que se le ofrecía; y que otro soldado, estando a las ancas, con el arcabuz lo tirase".

Estas mismas palabras, que a la letra aparecen algo duras, por causa de lo conciso con que están expuestas, se muestran muy

---

[23] Herrera cuenta que casi todos los Señores principales no querían pelear y deseaban darse de paz. El único estorbo era Lempira, que era "tan animoso, que jamás mostró flaqueza, ni quiso dar oído a los medios de paz que los castellanos le ofrecían, antes los tenía en tan poco, que desde su fuerte les decía muchas injurias."

24 Con tan poca gente era imposible poner cerco a toda una provincia; es claro, por lo tanto, que el verdadero sitio se redujo al solo peñón de Cerquín, como lo atestiguan especialmente en la información de méritos de Cáceres los testigos que pelearon en su compañía en la toma de aquella fortaleza.

suavizadas cuando Herrera cuenta el hecho puesto en práctica, pues se ve que a Lempira se le dio todo el tiempo de hablar e increpar, mientras habría podido, inmediatamente, matar a los dos soldados como había ya hecho con los dos anteriores.

Estando, pues, en este punto las cosas, y conociendo las costumbres de Lempira, los españoles, para salir de la angustiosa situación, ordenaron un ardid, una estratagema, aunque con apariencia de alevosía, o como dice Pedraza, "se aventuraron ciertos por cierta yndustria que hordenaron", lo que era de regla y de costumbre en las guerras de indios, y aún en todas las guerras de entonces, habiendo ya pasado el tiempo de la caballerosidad sentimental y subentrado una época de materialismo bélico en todas partes.

Cáceres eligió a un buen arcabucero, es decir, a un soldado muy escogido, que con arcabuz de caña corta[25], fuese capaz de dar un tiro certero a unos cincuenta metros de distancia, cual era, más o menos, la distancia entre la cima del Pan de Azúcar de Cerquín y el camino que lleva al borde del precipicio, delante de ese peñasco.

El arcabucero debía ponerse a las ancas del caballo, detrás del oficial parlamentario, y éste acercarse cuanto más pudiese al peñón, de manera que Lempira, en viéndolos, se presentase para increparlos.

De este modo, ellos se expusieron a ser matados inmediatamente.

La noche antes de Waterloo, Napoleón padeció gran tristeza. Así también Lempira, el día anterior estuvo muy triste, y esta tristeza le quitó, quizás, algo de su ímpetu característico.

La suerte quiso que el parlamento pudiese entablar la conversación, aconsejando y persuadiendo la paz, y que Lempira le

---

[25] Entre las recomendaciones que Vargas Machuca da al caudillo que va a la guerra contra los indios, y para la gente de a caballo, hay la siguiente:

"... Los arcabuces serán cortos, porque mejor los puedan rodear a caballo y a pie, porque considerada la distancia que alcanza la flecha o dardo..., alcanza más cualquier arcabuz de cuatro palmos y para montañas no son tan embarazosos como los largos...".

Y en otro punto dice:

"... Los arcabuceros hagan su tiro bajo, como ya está advertido, procurando siempre que los primeros tiros se empleen en los más señalados".

respondiese airoso, añadiendo otras palabras, "palabras arrogantes, más que de indio".

Podía suceder, como lo hizo Copán Calel, que al terminar su discurso, disparase y matase a los dos. No sucedió así.

El arcabucero, instruido y de tiro certero, al momento oportuno, apuntó de repente y dio el disparo.

El empenachado caudillo, alcanzado en la frente por la bala, en el borde del precipicio, se despeñó, rodando al abismo.[26]

Todo el conjunto, tanto por lo que dice Pedraza como por lo dicho por Montejo y Herrera, hace pensar que esta escena de presentarse a ofrecer la paz debe haber sucedido al momento de darse el albazo, o sea, el asalto definitivo por sorpresa, muy temprano de mañana, y no en un momento de tranquilidad, puesto que los citados escritores dan a comprender que el asalto estaba preparado[27].

---

26 Dice Herrera:

"... y ordenado de esta manera, el soldado trabó su plática, y dijo sus consejos y persuasiones, y el cacique le respondía, que la guerra no había de cansar a los soldados ni espantarles, y que el más pudiese, vencería; y diciendo otras palabras arrogantes, más que de indio, el soldado de las ancas le apuntó cuando vio la ocasión, y le dio en la frente, sin que le valiese un morrión, que a su usanza tenía, muy galano y empenachado; cayó Lempira rodando por la sierra abajo, armado de aquellos sayos o coseletes de algodón, basteados, muy provechosos para la guerra de indios, que usan los castellanos. Con esta muerte de Lempira, que el día antes anduvo muy triste, se levantó gran alboroto y confusión entre los indios, porque muchos, huyendo, se despeñaron por aquellas sierras, y otros luego se rindieron...".

Lempira, que estaba muy bien defendido en su cuerpo, no podía ser herido sino en los brazos y piernas, y con efecto casi seguro, en la cara.

A los arcabuceros, en campo abierto, se les recomendaba tirar a las piernas, y a los de a caballo con lanzas, darles en las caras. Porque, de ordinario, los indios tenían defendidas sus cabezas con duros y altos morriones, y el cuerpo con coseletes de algodón, basteados. Solo las afiladas espadas podían producir destrozos en todo el cuerpo.

27 Pedraza dice:

"... Plugo a Nuestro Señor, que se dio tan buena maña el dicho capitán con los dichos españoles, que peleando con los dichos indios muy valientemente y con muy grande ánimo, le subieron hasta lo alto del peñol y se lo ganaron, siendo una infinidad los dichos naturales, y ellos casi ochenta cristianos, y siendo el dicho peñol casi hasta el cielo, tan derecho, según dicen, como una lanza, sin camino ni parte ninguna por donde pudiesen subir, ni se lo pudiesen ganar sino por cierta yndustria que dieron, que ellos hoy en día no saben cómo subieron... los dichos españoles,

Siempre sucedía que, faltando el caudillo, los indios se dispersaban inmediatamente. Al estruendo del tiro, los españoles, de todos lados, seguramente comenzaron a subir el peñol. Es probable que poco a poco habían allí compuesto escaleras en varias partes, bastante altas, apoyadas al peñón, para facilitar la subida.

Los indios, al verse privados de su jefe, habiendo apenas iniciado la lucha[28], no pensaron sino en la fuga, y muchos se despeñaron. Tomado Cerquín, fue fácil la entrada al Congolón, y por esto, al Cerro del Broquel.

Lempira no debió morir inmediatamente, ni por la bala que le alcanzó en la frente, ni por haberse despeñado, según reza una tradición poco conocida que recogí al subir al peñón de Cerquín [29].

Todo descompuesto, interior y exteriormente, fue seguramente recogido. Los españoles, aprovechando el hecho en su favor, lo hicieron llevar al Congolón para que los otros indios se rindiesen al ver el cuerpo inerte de su caído Jefe General.

---

como eran pocos, no podían pelear sino todos juntos, porque tenían más cerca la muerte que la vida... y estando casi ya que no podían soportar la vida que tenían... y siendo desamparados, ahora quiso Dios dalle un nuevo ánimo, porque se aventuraron ciertos por cierta yndustria que hordenaron, aventurándose más para morir que para salir con la empresa, y Dios que les ayudó, subieron arriba y ganaron el dicho peñol...".

[28] Esto se desprende de lo que dice Montejo, al manifestar que hubo algunos heridos de parte de los españoles.

[29] Al escalar yo el peñón de Cerquín, uno de mis acompañantes, que habita cerca del peñón, me refirió en pocas palabras una tradición que pocos conocen y que él conservaba; según la cual, Lempira cayó en Cerquín y murió en Piedra Parada: yo la he aceptado como la más verídica.

También la tradición que expuse al principio de este trabajo y que recogí en Gualcinse de los ancianos Maya es respetable; en la substancia la acepto como digna de ser considerada como verdadera, en lo que respecta a la muerte de Lempira en Piedra Parada, debiéndose, por lo tanto, añadir a ella el episodio de la caída de Lempira en Cerquín, ya que con el tiempo el episodio de la caída y el de la muerte se fundieron seguramente en un solo episodio, en la tradición de Gualcinse.

Esta tradición refiere que Lempira murió en Piedra Parada, y en el Portillo de Corta Cabezas le fue cortada la cabeza, con la cual los españoles se presentaron a los indios del Cerro del Broquel. Un particular digno de nota en esta tradición es que los españoles, según la misma, mandaron a recoger el cuerpo de Lempira.

Estas últimas palabras confirman que se quería la rendición y la pacificación, y no la muerte.

En Piedra Parada moriría, según los Viejos Maya de Gualcinse, y los españoles lo llevaron adelante. Pero, por una u otra causa, en el Portillo de Corta Cabezas, le cortarían la cabeza, devolviendo el cuerpo al Congolón.

Con la cabeza de Lempira se presentaron al último reducto del Cerro del Broquel, cerca de Gualcinse, y los indios que allí se habían fortalecido, al verla, se sometieron.

CÓMO Y DÓNDE CAYÓ LEMPIRA

Discusión sobre el lugar donde fue herido y donde murió

Sin método crítico, se ha levantado a veces la opinión de unos o de otros, los cuales, dando rienda suelta a la imaginación, han querido decidirse por uno u otro lugar, como si los hechos pasados que dan base a la historia pudieran depender del gusto de uno o de otro.

Así, para traer un ejemplo típico, el erudito e ilustre poeta Don Jeremías Cisneros acepta la muerte de Lempira en Piedra Parada, solamente por conveniencia poética, pero declara que lo acepta como punto más verosímil, ya que existen otros sitios del partido de Cerquín señalados como teatro de la catástrofe.

No voy a repetir aquí lo que ya dije en otro capítulo acerca de las varias reputadas opiniones, entre las cuales, la muy atinada del ilustrado Prof. Don Jesús Membreño, el cual no considera posible el desenlace de Lempira en Piedra Parada, y lo pone, según otra tradición, en el Peñón de Cerquín (1).

Daré, por tanto, los argumentos que deciden la cuestión en favor de Cerquín más que en favor de los otros lugares señalados por las varias opiniones, que, por demás, no alegan ningún argumento en favor ni en contra.

Las tradiciones y las opiniones son varias; las principales son: CERQUÍN, PIEDRA PARADA, COYOCUTENA.

Veamos los argumentos.

Cerquín es donde cayó Lempira, muriendo después en Piedra Parada

La tradición predominante y que tiene todas las señas de verdad; la tradición que prevalece en Erandique, es que Lempira cayó en el peñol de Cerquín. La llamaré: "tradición de Erandique".

Efectivamente, según Herrera (I. c.):

"Se levantó un valiente indio en una provincia llamada Cerquín... Montejo... envió... al capitán Cáceres... para que pusiese a Lempira en obediencia, el cual ya había mandado fortalecer un peñón muy nombrado que llamaban Cerquín, Y DESDE ALLÍ SE DEFENDÍA con daño de los castellanos, que padeciendo en el sitio, que duró seis meses, grandes trabajos, por haber invernado en campaña, pudiera ser que no acabaran tan fácilmente la jornada, si no sucediera la muerte de Lempira, la cual sucedió de esta manera...".

Ya estas palabras bastarían, por sí solas, para indicar que realmente el último episodio sucedió en Cerquín.

Si se añade que todos los documentos se expresan de la misma manera, o de una manera más afirmativa, se llega a la conclusión de que no debe haber ninguna duda acerca del hecho de que LEMPIRA CAYÓ EN EL PEÑÓN DE CERQUÍN.

De los mismos documentos resulta que el Caudillo puso su cuartel general en este peñón, que era reputado y realmente inexpugnable; aquí pusieron cerco los españoles, para que fuese más fácil desbaratar a los indios después de haberles tomado la fortaleza principal, como era costumbre en esas guerras, según lo demuestran todas las relaciones de la Conquista de la Nueva España.

Además, la descripción que da el Obispo Pedraza, cuando narra la toma del peñol de Cerquín, concuerda con la descripción que yo he dado del mismo peñón al principio de este trabajo, pues dice:

"Siendo el dicho peñol casi hasta el cielo, tan derecho, según dicen, como una lanza, sin camino ni parte ninguna por donde pudiesen subir, ni se lo pudiesen ganar sino por cierta yndustria que dieron, que ellos hoy día no saben cómo subieron... subieron arriba y ganaron el dicho peñol..."[30].

---

[30] Es necesario aclarar que los escritores que tratan de la guerra de Lempira, a veces nombran a Cerquín como peñón y otras veces dicen "peñón de Cerquín", para entender toda la región del partido de Cerquín. En el pasaje de Herrera, casi en una misma línea se encuentra el mismo caso.

Es verdad que Montejo y Pedraza hablan de 30,000 hombres de guerra en el peñón, y esto nos hace pensar en un lugar más amplio, como el Congolón. Pero debemos considerar que estos escritores hablaban un poco a la buena, y de la misma manera escribieron sus cartas. El grueso de la gente pudo bien estar en el Congolón, como también mucha otra gente procuró salvarse fortaleciéndose en los otros peñones de la provincia y en las alturas más cercanas a sus casas; pero esto no significa que allí estuviese el cuartel general, y mucho menos que los españoles se pusiesen a sitiar todos los peñones donde los indios huidos se habían fortalecido, ya que los 80 españoles con sus auxiliares apenas bastaron para sitiar al peñón de Cerquín.

Ya en el capítulo anterior, que se titula "EL PEÑOL", transcribí algunos documentos importantes por los cuales se conoce que por "peñol de Cerquín" se entendía indicar al mismo que se conoce por este trabajo. Otros documentos dignos de recordarse son los siguientes:

Pedraza, además del paso citado, tiene estas otras frases que son significativas:

"... y llegó a un peñol muy fuerte qu'estava en la provincia de Carquín, donde estava mucha gente de los naturales indios allegados y recogidos en él... en el cual dicho peñol estava recogida mucha parte de la gente de toda la tierra... nunca los cristianos le pudieron entrar, ni aun llegaron al pie del dicho peñol..."

".... con muchas fuerzas grandes (fortalezas grandes) que tenían en que estavan metidos y hechos fuertes los dichos naturales de la dicha tierra, especialmente el dicho peñol de la provincia de Carquín, donde fué el dicho Juan de Chávez, que no pudo ganar, la más fuerte cosa que en cristianos, ni alarves, ni moros, ni turcos, se han visto, según he sido informado por las personas que en él se hallaron... en el cual, como tengo dicho, estava la más parte de toda la tierra hechos fuertes en él, con muchas armas y bastimentos para muchos días, y con sus mujeres e hijos..."

"Se dio tan buena maña el dicho capitán con los dichos españoles que con él estaban, que peleando con los dichos indios muy valientemente y con grande ánimo, le subieron hasta lo alto del dicho peñol y se lo ganaron, siendo una infinidad los dichos indios, y ellos casi ochenta cristianos, y siendo el peñol casi hasta el cielo, tan derecho, según dicen, como una lanza, sin camino ni parte ninguna por donde pudiesen subir, ni se lo pudiesen ganar sino por cierta yndustria que dieron, que ellos hoy en día no saben cómo subieron... en el cual dicho cerco estuvieron seis meses peleando a todas las horas de la noche y de día... porque se aventuraron ciertos por cierta yndustria que hordenaron, aventurándose más para morir que para salir con la empresa, y Dios les ayudó, subieron arriba y ganaron el dicho peñol..."

En la carta de 19 de junio de 1539, Montejo dice:

"Estando todo de paz como he dicho, yendo tres españoles de la Villa de Comayagua a la ciudad de Guatemala, llegando a una provincia que se dice de Carquín, término de esta ciudad, diez leguas della, saliendo de un pueblo, salieron los indios a ellos en el camino y los mataron, yendo descuidados; y siendo yo avisado dello, lo más sin escándalo que pude, castigué a algunos de los más culpados, delante de otros señores de la misma provincia; y acabado de hacer justicias, envié los demás señores muy contentos a sus casas, y un señor que no se pudo haber, juntó toda la provincia y entráronse en un peñol, la cosa más fuerte que hay en estas partes, y metieron en él muchos bastimentos; y la causa de hacerse fuerte en él fue que cuando pasó el Adelantado Alvarado por aquella provincia, se metieron allí y no les acometieron, llevando dos mil amigos e más; y cuando volvió Juan de Chávez, le puso cerco con todo el poder que llevaba, y no le pudo entrar; y

Este peñón se presta mucho a la escena, y es fácil constatarlo si ponemos bien atención en el punto en donde se debe suponer que cayó Lempira.

Ya lo describí en capítulos anteriores.

Frente a la punta occidental del espinazo, en donde el peñón forma como un pequeño Pan de Azúcar, como se ve en la fotografía que aquí

---

de aquí, se fue el dicho Juan de Chávez a Guatemala. Quedaron tan favorecidos, que pensaron que era imposible entrarles; y luego que supe que se habían metido en el peñol, envié un capitán sobre ellos con todo lo mejor proveído que yo pude, de armas y bastimentos; pusiéronle cerco, y cada día salían los indios a dar guerra a los españoles, y serían siempre muchos... y hubo día de matar a dos españoles, de más de los muchos heridos..."

En toda la carta, Montejo da a entender que se trata del conocido peñón de Cerquín.

También en la "Información de méritos y servicios" de Alonso de Cáceres, ya citada, en las preguntas, se dice claramente:

".... si saben que los indios de la provincia de Cerquín se alzaron y rebelaron y mataron muchos españoles y se hicieron fuertes en el peñol de Cerquín... y el capitán Alonso de Cáceres fue con mucha gente a la pacificación del dicho peñol de Cerquín..."

El testigo, Juan de Yllescas Bocanegra, se encontró en la toma del peñol y dice:

"Que sabe la pregunta como en ella se contiene, porque este testigo fue uno de los soldados que se hallaron en el dicho peñol de Cerquín con el dicho capitán Alonso de Cáceres y que fue como capitán y teniente de Gobernador a la pacificación del dicho peñol de Cerquín, y que en él se tardó cinco meses y ocho días, poco más o menos, hasta que lo pacificó, porque era muy fuerte y había mucha gente dentro, y que en la dicha pacificación... vio que el dicho Alonso de Cáceres hizo un gran servicio a Su Majestad y mucho bien a las dichas provincias porque tiene por cierto que si no la pacificara, se despoblaran las dichas provincias, porque se habían comenzado a rebelar y a alzarse muchas partes de ellas, y viendo la dicha pacificación tornaron a la obediencia..."Testigo García...

".... e conquistó e pacificó la gente de la dicha provincia e peñol en lo cual trabajó mucho, porque por ser larga y peligrosa la guerra, los españoles que consigo tenía se querían ir y dejarla y el dicho capitán los hizo detener y estar hasta que lo pacificó y fue gran provecho a todas estas provincias de Honduras... Porque si no tomaba el peñol, como todas las provincias se habían alzado, hubieran matado a todos los españoles, mientras que después de tomado el peñol se pacificaron. El testigo se encontró en la provincia pero no en el peñol".

De la misma manera se expresan los otros testigos, debiéndose añadir que el testigo Joanes Debaide asegura que algunos soldados de Cáceres querían que se abandonase la empresa con levantar el sitio del dicho peñón, porque era muy difícil de ganarlo.

reproduzco y que yo mismo tomé en ese punto, se puede llegar, por Eguate, a caballo, como yo mismo lo hice. Es cortado a pique, y el profundo precipicio que lo separa de Eguate podrá tener unos cuarenta o cincuenta metros, distancia suficiente para dar un tiro certero de arcabuz, aunque Lempira, como es de suponer, se hubiese colocado arriba, en la punta.

El Eguate podía ser fácilmente accesible por Azacualpa, en donde, según la tradición todavía subsistente en Erandique, los españoles tuvieron encuentros con los indios. Podemos figurarnos que, especialmente en los últimos meses, la altiplanicie de Eguate fuese ocupada por los españoles, que por ocho lados habían puesto el cerco al peñón, y que por el Portillo del León, en Azacualpa, aunque demasiado lejos, podía ser dominado perfectamente.

El Pan de Azúcar de Cerquín, sin embargo, aparece un poco más alto que la altiplanicie de Eguate. Los españoles, habiendo puesto el cerco al Peñón, debieron haberse adueñado de esta altiplanicie, y Membreño lo da por seguro, puesto que Lempira podía insultarlos a sus anchas. Su puesto de avanzada debió ser en el lugar donde todavía existen los montículos de la antigua población.

Una línea de arranques que encontré parecen restos del fortín que debieron construir los españoles.

Más de una cuadra o cuadra y media no podían los españoles acercarse al Pan de Azúcar del Peñón, sin peligro de ser alcanzados por las flechas de Lempira. Al contrario, los indios del Peñón estaban bien defendidos por el cerrito o cúpula en forma de Pan de Azúcar que los encubría, pudiendo ofender al enemigo sin ser alcanzados.

El caso extraordinario y de mucho cuidado fue el poder alcanzar al Caudillo, que, seguro de sí mismo, cada día se presentaba a provocarlos. El caballo camina muy bien en la ladera de Eguate, en dirección del peñón, hasta frente al Pan de Azúcar, como yo lo hice y como se observa en la vista fotográfica aquí reproducida.

Sobre el Pan de Azúcar, como si fuese una estatua, se presentó el Héroe.

En lugar de repetir lo que hizo con los dos emisarios españoles, según la costumbre de los Maya, matándolos de golpe, como también lo temían los emisarios por segunda vez enviados por Cáceres, exponiéndose a muerte segura, admitió la plática y las admonestaciones, descuidando de estar sobre aviso, acaso porque la tristeza y los presentimientos del día anterior estaban produciendo su efecto.

Al momento de terminar su respuesta, posiblemente hubiese matado a los dos, si el arcabucero de las ancas, que seguramente era de los más escogidos y certeros (1), no se hubiese adelantado. Se presentó la buena ocasión, y en el descuido, como hace el cazador que tira al vuelo, apuntó de repente y dio en la frente.

No dice la relación de Herrera que muriese al instante. Lo cierto es que Lempira se despeñó, "rodando por la sierra abajo".

La leyenda imagina que el cuerpo se destrozó. No lo podemos afirmar ni negar.

Lempira, que era hombre fuerte y robusto y en el pleno vigor de los años, no tuvo destrozada la frente, como es muy probable, sino que sólo fue herido y fuertemente atolondrado por el golpe de la bala redonda, que no llegara a perforar el duro cráneo de indio maya. Estando colocado en el borde del precipicio, al rodar por la sierra abajo, aunque el coselete de algodón, basteado, lo defendiese, sin embargo, con el peso de su cuerpo debió llegar al fondo del abismo casi destrozado, sin morir al instante, como sucede continuamente con los que caen de grandes alturas, y lo presenciamos ahora con los aviadores que van a dar al suelo.

Una de las versiones que recogí en mi viaje por los lugares de Lempira, tradición de los viejos Maya de Gualcinse, habitantes del Congolón, que llegó de boca en boca hasta nosotros y que reproducí al principio de este trabajo, refiere que Lempira murió en Piedra Parada.

Por otra parte, mientras yo iba subiendo al peñón de Cerquín, un señor del lugar me comunicó que él conocía una antigua tradición, poco divulgada, que afirma que Lempira cayó en el peñón de Cerquín y murió en Piedra Parada. Yo recogí la versión y la acepto, exponiéndola aquí como la más verosímil y natural; la llamaré: "Tradición de Cerquín".

Estas dos versiones nos ofrecen la oportunidad de reconstruir la escena de la manera siguiente:

Cayó Lempira rodando por la peña abajo, hasta el fondo del precipicio, desde la cúspide del Pan de Azúcar de Cerquín. Al estruendo del arcabuz, los españoles que estaban en la expectativa dieron el asalto al peñón, todos de golpe. Los indios, al darse cuenta de que Lempira había caído al disparo del arma de fuego, perdieron la serenidad, se alborotaron, y como siempre sucede, no pensaron más que en la fuga, despeñándose muchos de ellos.

Sin embargo, hubo alguna defensa y algunos heridos españoles.

Los indios más adictos y corajudos bajaron al fondo del precipicio, al pie del Pan de Azúcar, y, por uno de los estrechos y empinados caminos, intentaron llegar al Congolón con el cuerpo del Caudillo. Los mismos españoles lo habrían mandado a recoger.

Entretanto, se rindió Cerquín, y los indios que llevaban el cuerpo, que estaba agonizando, fueron alcanzados por los españoles. Atravesada la quebrada, pasaron por debajo de Piedra Pacha y se dispusieron a entrar a la altiplanicie donde se asienta el último cono del Congolón, por el Portillo de Piedra Parada, cerca del cual había muchos indios recogidos. Allí depusieron a Lempira, que poco más duró con vida, rindiendo, poco después, el último suspiro.

EN PIEDRA PARADA MURIÓ LEMPIRA

Según la vieja y respetable tradición de Gualcinse y según la tradición que he apellidado "de Cerquín".

Entonces, CÁCERES DISPUSO INMEDIATAMENTE QUE SE LLEVARA EL CUERPO ADELANTE, PARA QUE TODOS LOS INDIOS DEL CONGOLÓN Y LOS DE LA FORTALEZA DE GUALCINSE, O CERRO DEL BROQUEL, ÚLTIMO REDUCTO DE LAS HUESTES DE LEMPIRA, SE RINDIERAN AL VER EL CUERPO DEL CAUDILLO YA DESHECHO.

Pero, llegados al lugar que todavía conserva el nombre de CORTA CABEZAS, LOS ESPAÑOLES, o porque el cuerpo destrozado se estaba deshaciendo, o porque el cuerpo era pesado, o por otra causa, DISPUSIERON CORTAR LA CABEZA DEL CAUDILLO, devolviendo el cuerpo truncado al Congolón. CON ELLA LLEGARON AL CERRO DEL BROQUEL, Y LOS INDIOS DEFENSORES, AL VERLA, SE ENTREGARON.

Así cayó el último reducto y todo quedó en paz.

Lempira no cayó en Piedra Parada ni en Coyocutena.

Los argumentos aducidos para demostrar la caída de Lempira en Cerquín deberían exonerarme de escribir este capítulo. Sin embargo, vale la pena hacer plena luz sobre el asunto.

En cuanto a Piedra Parada, ya es suficiente lo que está dicho en el propio capítulo "PIEDRA PARADA". Porque, si los españoles se habían adueñado ya de la altiplanicie del Congolón, donde está situada Piedra Parada, ya habrían sido señores también de ella; si no, no se ve cómo hubieran podido llegar hasta ella, porque se encuentra en tal sitio que no se presta para la escena, conforme al relato de Herrera.

Con respecto a Coyocutena, una de las variadas y persistentes tradiciones que he recogido desde Joconguera (Candelaria) hasta Erandique, dice que Lempira había sido alcanzado de muerte con el arcabuz en el peñón de Coyocutena.

En efecto, este peñón era irresistible, pero no como el de Cerquín.

Por la descripción que ya di, se puede reconocer que en su cima podían acogerse varios centenares de indios, pero no 30,000. En la cima de Coyocutena se ven, todavía, los restos de edificios, que comúnmente llaman "las casas de Lempira". Son, de seguro, del tiempo de Lempira, en el cual los indios de Honduras, al pasar Pedro de Alvarado y al regresar Juan de Chávez, "se empeñolaron", o sea, se refugiaron en los sitios inaccesibles de las montañas.

Son restos de viviendas construidas apresuradamente, y no de viviendas habituales, como lo son las de Tenampúa y de Quelepa, en el Valle de Comayagua.

Se sabe por Montejo que los indios se recogieron a las cimas de las montañas e hicieron allí casas grandes improvisadas, principalmente para servir como almacenes y como habitaciones. Una de ellas, que se estaba construyendo en un peñón, cerca de Yamalá, fue quemada por el negro Marquillo, criado de Montejo.

Coyocutena, como los otros peñones de Lempira, no tenía comodidad de agua y sólo podía servir temporalmente, por un tiempo limitado de guerra.

Los españoles, probablemente, se acamparon e hicieron un fuerte en el Cerro del Pinal, frente a la cumbre de Coyocutena. Desde la cima, Lempira hubiera podido insultarlos, según la relación de Herrera.

Pero un arcabuz de aquel tiempo difícilmente hubiera podido alcanzar la cima; mucho menos un tiro certero en la frente, a menos que Lempira hubiese bajado, y entonces se presentan otras dificultades.

En la descripción que di de Coyocutena, ya se ve la dificultad para que un caballo llegue tan cerca, en cualquier lugar donde el Caudillo se hubiese mostrado, exponiéndose al tiro certero y cayendo "sierra abajo".

El lugar más apropiado hubiera sido la cima o la mitad del cerro, en donde Lempira se hubiese mostrado, y el español le hubiese tirado desde el borde del Pinal. Pero si los españoles, como es probable, estaban acampados en el Pinal, era innecesario el caballo.

Aun en este caso, la distancia es muy grande para un arcabuz de aquellos tiempos. Imaginando que el caballo hubiese podido bajar la pendiente del Pinal, frente a Coyocutena, la distancia no se acorta, sino que más bien aumenta.

En el caso, la dificultad más grande la ofrece el relato de Herrera, el cual, como hemos visto, dice claramente que Lempira "ya había mandado fortalecer un peñol muy nombrado que llamaban Cerquín, y desde allí se defendía con daño de los castellanos..."

Me parece, por lo tanto, muy difícil que se pueda sostener la probabilidad de la tesis que dice que Lempira pudo haber caído en Coyocutena.

En Coyocutena, sí, como en otros peñones, seguramente se fortalecieron los indios, huyendo de los españoles. Sin embargo, el cuartel general no estuvo aquí. Lempira, seguramente, lo visitaba y animaba. La fortaleza propia de Lempira fue Cerquín. Y los españoles, continuando a hostigar a los indios fortalecidos en Coyocutena, o habiéndolos ya desalojado, cerraron el sitio alrededor de la fortaleza principal, es decir, Cerquín.

LA TUMBA DE LEMPIRA

Los españoles respetaron seguramente el cuerpo de Lempira. Tenían orden de Montejo de pacificar a los indios y no hubiera sido acto político no respetar el cuerpo muerto del gran caudillo.

La tradición que encontré en Gualcinse dice que los españoles mandaron a recoger el cuerpo de Lempira, y cuando llegaron al Portillo que después se llamó Corta Cabezas, por una causa que ignoramos, le hicieron cortar la cabeza para llevarla al Cerro del Broquel y sirviera para la rendición de los indios que estaban en aquel fuerte.

El cuerpo, reza la misma tradición, fue devuelto por los indios al Congolón.

La tradición, en general, dice que fue sepultado en el Congolón.

Ahora bien, es necesario saber lo que se entiende por Congolón. Porque el Congolón tiene un área inmensa; se levanta poco a poco, de terraza en terraza, hasta llegar con su cúspide a la altura de 2,065 metros sobre el nivel del mar. Y cuando estuve en Eguate, antes de llegar a Cerquín, los moradores del lugar me dijeron que todo aquello era Congolón; es decir, que entienden por Congolón también todo el territorio que sirve de eslabón para llegar a la cima.

En este sentido, se puede decir que Eguate forma parte del Congolón y, para los moradores, siempre es Congolón.

Ya ha sido descrita la meseta de Eguate, y se ha visto que en el centro de su planicie no solamente había una antigua población, que se supone era la de Lempira, sino que el camino actual pasa en medio de ciertos montículos algo notables, que forman una plaza. Es posible que estas fuesen las casas de Lempira, con su pequeño templo en la parte donde se levanta el sol, del cual le venía el nombre de Cerquín (Kin, quin, sol).

En el medio del día todo estaba en paz, y era interés de los indios hacer con toda tranquilidad sus funerales, levantando los gritos al cielo y llorando por muchos días.

Se sabe también, por lo que dice el Obispo Landa, cómo los señores eran sepultados.

Por lo tanto, es muy natural que los indios, vueltos tranquilos a sus casas después de haber sido derrotados, y especialmente los deudos y las dos mujeres de él, hayan pensado en dar honrada sepultura al cuerpo de Lempira, como lo solían hacer con todos sus jefes.

No es posible conocer, dado también la angustia general de aquel momento, la forma que hayan escogido.

118

Por todo lo que se ha dicho hasta ahora, se desprende que el Caudillo ha debido ser sepultado en el pueblo de Eguate, que estaba situado cerca del cuartel y fortaleza principal, como lo era el Peñol de Cerquín. Y uno de los montículos que existen todavía, sería acaso la tumba de Lempira.

Ninguna tradición lo dice, porque de los hechos se perdió la memoria, y solamente pocos ancianos que transmitieron a nosotros lo que habían oído de sus padres, decían que el cuerpo de Lempira fue llevado al Congolón, con que debemos entender a Eguate.

Las tradiciones se pierden o se alteran con el tiempo.

También la tradición de la tumba de Lempira se desvaneció, como el humo del incienso que lo acompañó a su última morada.

Quedaron en Eguate, casi al contacto del Peñol de Cerquín, unos montículos entre pinares. Se quemó el incienso, el humo se fue vagando por el aire a dar testimonio de que Lempira, el héroe de la epopeya de Honduras, había desaparecido de entre los vivientes.

Pasados los días, las moradas de Lempira dieron todas las lágrimas de que eran capaces.

Después de todo esto... la tristeza infinita, el silencio profundo.

LA FIGURA DE LEMPIRA

La figura trazada por Herrera: podemos darnos cuenta de la figura moral y física de Lempira, gracias a lo poco que ha dejado escrito el historiador Herrera, que lo tomó de las relaciones contemporáneas.

"Se levantó un valiente indio... Este indio, llamado Lempira, que significa señor de la sierra, convocó a todos los señores de la comarca, con los cuales, y los naturales, juntó 30,000 hombres[31]; persuadiólos

---

[31] El Prof. don Jesús Membreño, entre otras tradiciones y leyendas, me dijo las siguientes:

Un súbdito de Lempira llamado Kelatkas, gobernaba en el cacicazgo de Kelakazque, al oriente de la ciudad de Gracias, en donde hay un altar y se encuentran vestigios de antigua población. Allí existe también una laguna, y la leyenda dice que "el Gran Brujo" le dio vuelta para que los tesoros que echaron en ella no se los llevaran.

Cuando los españoles llegaron allí para fundar Gracias, y muchos de los indios acompañantes, que eran caníbales, sacrificaron niños asándolos en púas o estacas de madera, entonces este jefe Kelatkas ordenó que sus súbditos abandonaran el

de cobrar libertad, siendo cosa vergonzosa, que tantos, y tan valerosos hombres, en su propia tierra, se viesen en la miserable servidumbre de tan pocos extranjeros; ofreció de ser su capitán, y ponerse a los mayores peligros; aseguró que si estaban unidos, sería cierta la victoria para ellos...".

"Él era tan animoso, que jamás mostró flaqueza, ni quiso dar oído a los medios de paz que los castellanos le ofrecían, antes los tenía en tan poco, que desde su fuerte les decía muchas injurias...".

".... el soldado trabó su plática, y dijo sus consejos y persuasiones, y el cacique le respondía: que la guerra no había de cansar a los soldados, ni espantarlos, y que el que más pudiese, vencería; y diciendo otras palabras arrogantes, más que de indio, el soldado de las ancas le apuntó cuando vio la ocasión, y le dio en la frente, sin que le valiese un morrión, que a su usanza tenía, muy galano y empenachado: cayó Lempira rodando por la sierra abajo, armado de aquellos sayos, o corseletes de algodón, basteados, muy provechosos para la guerra de indios, que usan los castellanos...".

"...el día antes anduvo muy triste...".

"...los Cares y Potones, aunque entre ellos había guerra cruel, en la cual tenía Lempira tanta fama de valiente, que afirmaron, que en una batalla mató 120 hombres de su mano, y certificaron indios viejos, que se tenía por cierto, que Lempira estaba hechizado, o como

---

lugar y todos se fueron a las montañas. A la mañana, los españoles encontraron el sitio desierto.

Al morir Entepica, quedó del otro lado Guarajambala, o sea, el señor que allí dominaba, y debe ser Jarambala, o Kalambala, que comprende Camasca y Concepción, y hay allí, en las alturas de Camasca, una serpiente de piedra. Se viene relacionando con los otros señoríos ligados con Lempira, el de Cacaguatique, en El Salvador.

En cuanto al número de hombres y la importancia de los varios pequeños señores, ya he tratado en el capítulo titulado: "Los dominios de Lempira".

En el repartimiento de San Pedro Sula, hecho por Alvarado, el Adelantado señaló para sí "el pueblo de Quitola é Quitamay, de ques señor en el río Olua, que, según por visitación se ha hallado, tiene hasta ochenta hombres, y con ellos, unos pueblos pequeños a ellos sujetos, de a quince é a ocho, é a seis casas cada uno, que se llaman Toloa, Yux, Estupilpe = Peltonaltepeque, que son hacia la parte de las sierras del río Olua".

dice el vulgo, encantado; porque en infinitas batallas, en que se halló, jamás fue herido, ni le pudieron flechar".

"Era de mediana estatura, espaldudo, y de gruesos miembros, bravo y valiente, y de buena razón, nunca tuvo más que dos mujeres y murió de 38 a 40 años".

"Y los indios tenían por cierta opinión, que si no muriera Lempira, Cerquín no se ganara tan presto; para esta guerra se pacificó, y confederó con los Cares sus enemigos: juntó los hombres de más de 200 pueblos, y de señores, y caballeros conocidos tenía más de 2,000. Su congregación fue en la Sierra de las Neblinas, en su lenguaje (Piraera), adonde estaba una gran población, cuyo señor era Entepica, que en muriendo este, se dividió en muchos pueblos. Aquí se concertó la guerra, y nombraron por general a Lempira, el cual muchas veces acometió a los castellanos, a los indios mexicanos, y guatemaltecos, que andaban con ellos, en los cuales hacía mucho daño...".

"Alonso de Cáceres le envió una embajada rogándole que aceptase la paz, y obedeciese al Rey de Castilla, prometiéndole de tratarle bien: fue la respuesta matar a los mensajeros, porque no quería conocer otro señor, ni saber otra ley, ni tener otras costumbres de las que tenía."

Será útil añadir a estos, algunos datos más.

LOS RASGOS MORALES

Que Lempira era valiente, incansable y gran amigo de la libertad se descubre por la actividad que puso en ir de una parte a otra para reunir a los jefes de las varias regiones y excitarlos a la rebelión[32]. Sus reuniones no se limitaron a la Sierra de las Neblinas, que era toda la región oriental del Congolón, hasta Eguate y Cerquín. Allí, Lempira fue elegido Capitán General.

Pero, según tradiciones todavía existentes, recogidas por el Prof. Jesús Aguilar Paz, el caudillo fue a encontrarse con los señores que estaban en muchas leguas en derredor de Talgua.

---

[32] Tengo noticias de que el señor don José María Tobías Rosa, padre del señor Alcalde de Ilama, don Rubén Ángel Rosa, hizo alguna publicación sobre los correos de Lempira con el señor de Tencou.

(Parece que esto apareció en una revista que él publicaba en Ilama).

Ahora, Talgua era, y lo es todavía, un punto importante de comunicación. Yo he encontrado recientemente en Talgua peregrinos que desde Esquipulas regresaban al Valle de Comayagua.

La tradición lo hace aparecer, también, en La Paera, donde había indios Maya Serranos, como en Talgua y como en Cerquín, y cerca del Lago Yojoa.

Sea como sea, lo cierto es que apenas entrado Alvarado, todo el río Ulúa se sublevó, y este río comprendía uno de sus brazos principales, como lo es el río Higuito, llamado más abajo Jicatuyo, que con su afluente, el río Mejocote, era la parte donde realmente, tanto Alvarado como Montejo, encontraron la mayor resistencia.

Efectivamente, todas las vegas muy fértiles de estos ríos fueron muy pobladas, y se encuentran allí los restos de pueblos Maya importantes, como lo demuestran los grandes calpules o montículos, que son de sus templos lo que queda y de sus edificios y poblaciones.

En fin, Lempira tuvo el valor de sublevar a toda Honduras.

Era "de buena razón", dice Herrera; y esto da a conocer que era un indio de gran comprensión y autoridad.

Este escritor dice también: "nunca tuvo más que dos mujeres".

Según tradición conservada en Erandique, una de ellas se llamaría PRESEL-PIRA[33].

Ahora bien, este dato es muy importante, porque demuestra que, siendo Lempira muy valiente, no era un gran señor en el sentido de grandes riquezas ni de extenso territorio, porque al morir el señor Entepica, la extensa población desparramada de la Sierra de las Neblinas (que en su lenguaje se decía con la palabra PIRA-ERA, es

---

[33] Don Cupertino Perdomo, muerto en el año de 1922, siendo un anciano de 83 años, dice que poseía una historia de Lempira, que por los datos que me han presentado reconozco que estaba basada sobre el capítulo de Herrera, que he publicado en este estudio, pero algo alterada.

Esta historia le venía de su padre, don Dionisio Perdomo, y los puntos que nos interesan de ella son los que refieren que a "Etampira" (Herrera dice "Entepica"), Rey de Piraera, le sucedió Lempira, quien comandaba de 30 a 35 mil indios, y tenía sus dominios desde el río Lempa hasta el río Lepasile, afluente del San Juan, al norte de Erandique.

Dice esta referencia que Lempira había matado más de 40 hombres con sus propios puños; que sólo había tenido dos mujeres, y que la última se llamaba: PRESEL-PIRA.

decir: pira, sierra, y era, neblina), se dividió en tantos pueblos pequeños.

Uno de ellos era Cerquín, de donde era señor Lempira.

Las costumbres entre los indios de entonces y entre los pueblos orientales, suprimida ahora entre los turcos del Asia Menor, pero que dura todavía en varias regiones del mundo, como también en América, especialmente en la Depresión Amazónica, y aún... en la montaña de La Flor, era de tener tantas mujeres cuantas uno pudiese sostener con sus riquezas como con su trabajo.

Lempira, que era un pequeño señor, no podía sostener más que dos mujeres a la vez.

Este hecho no lo aminora en su valor ni en su épica figura de organizador y de valiente y audaz guerrero en la defensa de sus derechos patrios.

LA FIGURA FISICA DEL JEFE GENERAL

Como lo ha descrito Herrera, Lempira, muriendo a la edad de 38 a 40 años, era de mediana estatura, espalgudo y de gruesos miembros. Ahora, la mediana estatura, no es alta ni baja; pero la persona espalduda aparece agigantada.

El día anterior a su muerte anduvo muy triste. Esto hace suponer que los españoles estuvieron preparando el asalto, y él se preparó a repelerlo, como Jefe General, revistiéndose de toda su armadura, como acostumbraban los indios, cuando iban a la batalla. Efectivamente, Herrera da los detalles de su vestidura al momento de caer del peñón, diciendo: "....sin que le valiese un morrión, que a su usanza tenía, muy galano y empenachado...cayó Lempira rodando por la sierra abajo, armado de aquellos sayos o corseletes de algodón, basteados, muy provechosos para la guerra de indios, que usan los castellanos"[34].

---

[34] Corselete o Coselete, según el Diccionario de la Academia, era una coraza ligera, generalmente de cuero, que se usó por ciertos soldados de infantería.

El mismo diccionario, a la palabra "COTA", explica: "Arma defensiva del cuerpo, que se usaba antiguamente. Primero se hacían de cuero y guarnecidas de cabezas de clavos o anillos de hierro, y después de mallas de hierro entrelazadas".

De todo el conjunto se puede tener una idea de cómo anduviese vestido Lempira durante la pelea, y por ende, cuando cayó en Cerquín.

Las armas ordinarias de los indios eran lanzas y rodelas para los lanceros, los cuales se bajaban cuando la gente colocada detrás, con dardos y hondas, debía hacer su tiro.

Los que usaban flechas, cada uno traía su macana colgada a las espaldas y sus carcajes al lado, y disparando las flechas, cerraban con las macanas.

Se desprende que Lempira debió haber matado a los dos primeros emisarios de Cáceres con arco y flechas; por lo tanto, cuando se presentó el día de su caída debía llevar su carcaj lleno de flechas y su macana al lado.

Estaba, como de costumbre y como gran Capitán, con la cabeza cubierta con un morrión "muy galano y empenachado".

En la tercera acepción da la palabra "Jubón", como anticuado, que significa: "Vestidura que cubre desde los hombros hasta la cintura, ceñida y ajustada al cuerpo".

Es precisamente esta la forma de arma defensiva que usaban los españoles y los indios en aquellas guerras.

El vocablo "sayo" que usa Herrera, significa: "Casaca hueca, larga y sin botones".

En todo caso, Vargas Machuca describe muy bien la hechura de esta arma defensiva (1. c., vol. 19, pág. 144):

"Llevarán todos en general sus sayos de armas, hechos de mantas y algodón; los mejores son escaipiles de dos aldas, como capotillos vizcaínos, con sus botones de palo a los lados o ataderos que sobrepuje la de una falda sobre la otra, porque no descubre el hijar. Estos sayos serán anchos porque queden ahuecados, donde la flecha o dardo embace; éstos son más prestos que otros para una arma repentina, además de que sirven de colchones para dormir sobre ellos, como no haya riesgo, que donde lo hubiere estarán mejor en el cuerpo, pues hace el mismo efecto, que es impedir la humedad del suelo; a los cuales escaipiles no se les debe echar a cada uno más de seis libras de algodón, que son bastantes para una flecha; y adviertan que las vastas han de ser largas y flojas porque quede flojo el sayo, y si fuere hasta la rodilla, le echarán ocho libras; éstos se usarán donde hubiere hierba (flechas untadas con veneno); y habiendo de servir a caballo, los henderán por delante y atrás, por amor de los arzones y que como escarcelas tapen el muslo. Excusarán los soldados no se les mojen, si pudiere ser, porque tupe el algodón y fácilmente son pasados de la flecha, dardo o lanza, aunque otros son de diferente opinión. Y si ha de ser ligero y llevar poco algodón, hace tabla delgada y se pasan ligeramente y así a estos escuaipiles les echan flojas las vastas para que el algodón lo vaya".

Llevaba un corselete de algodón basteado, o vestidura que lo cubría desde los hombros hasta la cintura, ceñida y ajustada al cuerpo.

En algunas piezas de alfarería y de esculturas antiguas aparecen guerreros revestidos de esta arma defensiva; y algunas familias de indios de la Hoya Amazónica llevan, todavía, rodeando el tórax, una vestidura de forma semejante.

Estaría adornado, probablemente, con nariguera, ojeras, brazaletes, y con adornos en las calzaduras y en las piernas, además de un gran collar con el emblema del Sol, símbolo del Señorío y acaso de las funciones sacerdotales de Cerquín (KIN significa Sol).

Un gran cinturón adornado con piedras y conchas rodeando la cintura, llevaría por delante una cabeza de BALAM o tigre, símbolo sagrado de ciertos jefes y de magos, de cuya boca colgarían otros adornos simbólicos.

Bajo relieve de Copán, representando algún jefe. De manera semejante debió vestirse Lempira, faltando en esta figura la coraza de algodón.

Para dar mayor resalte a esta descripción de la muy probable figura de Lempira, en su vestidura de gran General, he fotografiado una escultura de Copán, existente en el Museo de Tegucigalpa, representando, con toda probabilidad, a un alto Jefe, y la he reproducido en este trabajo en un notable fotograbado.

De esta manera, se ofrece a los artistas hondureños un modelo en que inspirarse, haciendo notar que a esta figura le falta la armadura defensiva del "coselete", arriba descrito[35].

---

[35] Vargas Machuca (l. c., vol. I, pág. 264) describe así a los indios en la "guazavara":

"Muy pintados el cuerpo y la cara de colorado, amarillo y negro, con sus colas de animales colgadas de la cintura y en la frente. Los capitanes se ponen manos de tigres y leones y la misma cabeza del león desollada a modo de montera, echando todo el oro que tienen de joyas encima; en los pechos, patenas y águilas; en la cintura un cinto de cuentas de hueso y de oro; en la nariz cuelgan caracuries y en las orejas, orejeras a modo de zarcillos, más son grandes de diversas maneras; en las muñecas sus brazaletes y al pescuezo cuentas de hueso y de oro: muchos cascabeles en la cintura y de caracoles lo propio. Vienen en cueros y los cabellos largos y trenzados y los que lo traen cortado son los mejores guerreros. Y para este día particularmente se emborrachan, aunque ellos siempre lo están, y el más borracho entre ellos es el más valiente."

En la "Isagoge Histórica... de la Provincia de San Vicente de Chiapa y Guatemala" (edic. Biblioth. Guatemala, Vol. XIII, pág. 73) se describen algunas imágenes de las ruinas de Ocozingo (Provincia de Zendales), así:

"En sus paredes se ven esculpidas muchas imágenes de hombres con traje militar; las cabezas armadas de morriones con sus penachos; el cuerpo todo vestido con armaduras hasta los muslos y ceñidos con sus bandas; los pies calzados con botillas hasta media pierna. Este traje parece el mismo que el de las estatuas de Copán, menos las espaldas y el estar ceñidas con bandas, no con cintos como los otros..."

Finalmente, es importante copiar lo que el Obispo Landa dice de los maya, acerca de este asunto (e. c., cap. XXXIX):

"Que tienen armas ofensivas y defensivas. Las ofensivas eran arcos y flechas que llevaban en sus carcajes con pedernales por casquillos y dientes de pescados, muy agudos, las cuales tiran con gran destreza y fuerza. Los arcos son de un hermoso palo leonado y fuerte a maravilla, más derechos que curvos, y las cuerdas (son) del cáñamo de la tierra. La largura del arco es siempre algo menos que la de quien lo trae. Las flechas son de (unas) cañas muy delgadas que se crían en las lagunas y largas de más de cinco palmos; átanle a la caña un pedazo de palo delgado, muy fuerte, en que va insertado el pedernal. No usaban, ni lo saben, poner ponzoña,

LEMPIRA ES MAYA SERRANO

Que Lempira perteneciera a la gran familia Maya, lo afirman todos los que han escrito de este señor de Cerquín.

Sin examinar bien la cuestión, algunos han afirmado con palabra vaga que Lempira era de la familia Maya-Quiché; que fuese acaso Cakchiquel, lo insinúa Squier; que era "de raza Chortí", lo dice Barberena (Hist. Ant. del Salv., I, Págs. 91 y 113), el cual aplica a la voz "CHORTI" un significado arbitrario, lo mismo que al nombre Lempira.

Sobra decir que los Quiché, los Cakchiqueles y los Chortí eran ramas Maya.

Bastarán pocas observaciones para convencerse de que Lempira era puramente MAYA SERRANO, según llamaban los españoles a los Maya de las sierras de Gracias y de Intibucá.

El Obispo Pedraza, en 1544, escribiendo su "Relación de la Provincia de Honduras y Higueras", dice:

----

aunque tienen harto de qué. Tenían hachuelas.... Tenían lanzuelas cortas de un estado con los hierros de fuerte pedernal, y no tenían más armas que éstas... Tenían para su defensa rodelas que hacían de cañas hendidas y muy tejidas, redondas y guarnecidas de cueros de venado. Hacían sacos de algodón acolchados y de sal por moler, acolchada en dos tandas o colchaduras, y estos sacos eran fortísimos. Algunos señores y capitanes tenían como morriones de palo, pero eran pocos, y con estas armas y plumajes y pellejos de tigres y leones puestos, iban a la guerra los que los tenían."

Otro documento acerca de las armas de los indios se halla en la Colección de Documentos inéditos, etc. (2a serie, t. XI, p. 41, 80, 81, 130, 138 y 256).

He aquí:

"Las armas con que los indios peleaban en la guerra eran arcos de palo y flechas de cañas delgadas con puntas de pedernal; otros peleaban con rodelas y lanzas del tamaño de dardos arrojadizos que tenían las puntas tostadas y de pedernal; otros tiraban piedras con hondas, llevaban para defensa del cuerpo un lienzo de algodón angosto y muy largo con que daban muchas vueltas al cuerpo y le apretaban recio; otros llevaban unos sayetes sin mangas colchados con algodón, y por mostrar ferocidad y parecer más fieros y valientes, embijaban de negro y con almagre los ojos y narices y todo el rostro, cuerpo y brazos; las orejas horadadas y en ellas metidos unos canutos con unas faldetas hechas de un metal como hojas de lata que tenían color de oro, y usaban cabellos largos como mujeres, y para pelear unos los soltaban y otros los ataban en diferentes maneras, cada uno como le parecía más bravosidad."

"Ay asimismo cerca de allí dos probincias de indios que llamamos serranos, la una de los Cares y la otra de Zärquín, la de los Cares está pacificada y sirven los pueblos della a los christianos y la más de la Cerquín está de guerra y todo esto de la cibdad de Gracias adios con estas provincias es lo más poblado de toda la tierra de pueblos de indios porque todo aquello que estaba más lexano de los puertos quedó más integro de pueblos por razón ser la gente más veleicosa para dexarse traer y meter en los navios para llevarlos como hizieron a los de Truxillo y de la provincia de Cuzumbra"...(Rev. Arch., t. IV, pág. 289).

Ya en mi estudio anterior, sobre los COLO de Honduras, que por primera vez, el 22 de abril de 1941, descubrí en el Valle de Sensenti, en el lugar que, cerca de San Marcos, encierra grandes montículos, que todavía llaman COLOCOLO, pude afirmar que los Maya de Honduras pertenecían a los primitivos Maya, parientes con los de Yucatán, y conservando la misma lengua.

Las relaciones con Yucatán eran continuas por la vía del RÍO ULÚA; además, Colón encontró que la tierra de Honduras era llamada TIERRA DE MAYA.

Que el río Ulúa y sus afluentes eran habitados por Maya, lo dicen sus ininterrumpidas ruinas y los nombres de pueblos y de ríos, cuyo significado se descifra sin ninguna dificultad con la lengua pura Maya de Yucatán, y no con otra lengua (exceptuando algunos nombres, aplicados posteriormente).

Además, el territorio de Cerquín, señorío de Lempira, estaba cercado al sur por los Potones y por los Cares al este, que eran de la familia de los COLO, o sea de los "Milperos" Maya[36].

---

[36]Consúltese mi estudio: "Los Colo" o sea "Los Milperos", en "El Cronista", Tegucigalpa, D. C., 7 de abril de 1942; y en la "Revista del Archivo", T. XX, No. 11, mayo de 1942.

Desarrollé este estudio, poco a poco, desde que el 22 de abril de 1941, en el valle de Sensenti, cerca de San Marcos de Ocotepeque, descubrí la existencia de los Colo, en el sitio de COLOCOLO, nombre que conserva el lugar de extensas milpas, ocupado por grandes montículos, que son los restos de importantes edificios Maya, encontrando, después, el mismo nombre, a veces alterado, en una infinidad de lugares, tanto alrededor de la región de Cerquín, como también por toda Honduras.

En ello he demostrado que los indios que ocupaban Honduras, eran Maya, como los de Yucatán, cuya lengua y costumbres llevaban.

No eran Maya-Chortí, ni Choltí. Los Maya debieron llevar varios nombres, según las funciones de las varias poblaciones que ocupaban el territorio.

Los indios que cultivaban las grandes milpas, los indios milperos, en todo el país, en lengua Maya se llamaban COLO o COL; porque COL, en Maya, significa hacienda o milpa, como CHOL y CHOR, significan la misma cosa en Choltí y Chortí, que son un mismo lenguaje.

Efectivamente, existe una gramática manuscrita de Morán, que comienza: "ARTE DE LA LENGUA CHOLTÍ O LENGUA DE MILPEROS".

El Padre Alonso Ponce, franciscano (Relación etc., Madrid 1872, I, 346 y Doc. Inéd., Vol. LVII), que pasó por el Golfo de Fonseca en 1586, recibió una relación del primer Custodio de la Provincia de Honduras, Fray Alonso de Fonseca, que era Definidor de la Provincia del SSmo. Nombre de Jesús de Guatemala.

En esta relación, se dice que:

"Los indios de la visitax (doctrina o misión) de Agalteca son de lengua OOLO, los de la visita de Comayagua, unos son desta mesma lengua COLO y otros de la mexicana o pipil".

Ahora, la misma relación nos certifica que, cerca de la ciudad de Comayagua, "está un valle de seis leguas de largo y tres de ancho, en que se da mucho maíz y mucho trigo, y se cría infinidad de ganado mayor y menor, de lo cual había entonces treinta y siete estancias. Quince leguas de Comayagua está otro convento nuestro en un pueblo llamado Agalteca... está en un valle muy grande, en el cual, y en otros dos que están allí juntos, todos de muy buen temple y muy fértiles, se dan todas las legumbres de Castilla, y hay diez y ocho estancias de ganado mayor y menor, de vacas, yeguas y ovejas. Junto al convento sobredicho están unas minas de plata llamadas de Agalteca, y ocho leguas de allí otras que dicen de Tegucigalpa, y otras ocho leguas más adelante otras minas llamadas de Bazucarán, de todas las cuales se ha sacado mucha cantidad de plata".

No debe maravillar que se hablase la lengua Maya y que los habitantes de Comayagua y Agalteca se llamasen COLO, es decir "Milperos", porque habitaban en valles tan fértiles en donde se daba mucho maíz.

Ni debe maravillar que junto a los de Comayagua, estuviesen los Pipiles, porque ya habían pasado más de cincuenta años desde la Conquista, y los mexicanos eran buenos mineros, y con Alvarado y con los españoles habían venido muchos mexicanos, cuyos restos se descubren en el destruido pueblo de Mejicapa, cerca de Comayagua.

Después, como yo descubrí por la relación de un anciano, en Yarumela se formó una gran estancia en donde se entendían todas las lenguas.

Había reunido esas gentes de todo el valle, el señor José Rivera.

Ahora, por un documento, número 132, del Archivo Parroquial de Comayagua, que yo encontré últimamente, se sabe que:

"Un cierto Palma hizo oblación a la Mitra de 100 pesos, y lo tomó a usura pupilar Juan JOSEPH Hernández, alias TABASCO, y su mujer Isabel Licona, vecinos del valle de Canquigue. Este señor, en el cuerpo del documento, se llama Juan RIVERA y Hernández." (Año 1781).

En el Norte tenía los GUALAQUIS, que he descubierto últimamente, el 19 de enero de 1943, en Tepusuna, antigua población cerca de Talgua, sobre el río Higuito.

Estos Guala, a la par de los Colo, llenaban toda la República y dieron su nombre a una infinidad de lugares.

Col, lo mismo que Chol, significaba "milpa", y Gual o Guala, lo mismo que Guara, debió significar un pedazo de tierra que las aguas cortaban en forma de ángulo o de abanico, y, por lo tanto, los indígenas que lo habitaban se daban el nombre de Guala.

Familias Gualas, en el siglo XVII, habitaban también en el interior de Olancho, según Vázquez.

En Talgua tuvo una reunión de Señores venidos de todas partes.

Talgua era entonces un pueblo central, a donde se llegaba por todos los caminos, y un lugar de paso obligado para ir a varias partes de Honduras.

Ahora bien, Talgua, al igual que la provincia de Cerquín, como lo he comprobado últimamente, cuando pasé por allí, era una población serrana; en Talgua no hay un pedazo de tierra llana y, sin embargo, poseía, según lo afirma Montejo, cuatrocientas casas, que Alvarado, a su paso, dejó reducidas a cuarenta.

Todavía se cuentan los arranques de las antiguas casas destruidas.

_____

Había, pues, allí gente de varias partes, aún cercanas de México.

Al tiempo de Pedraza, este Obispo afirmaba:

"De Tabasco... vienen cada día aquí por tierra".

Ahora bien: alrededor de Cerquín, comenzando por Congolón y hasta la lejana Copán, que descifro por Col-paa (Milpa amurallada o encerrada, a pesar de lo contrario que se quiere decir, con no mucha razón), existían con los indios serranos, muchos indios "Milperos"; en lenguaje puro Maya, se llamaban "Colo", y este nombre se encuentra en los numerosos lugares que eran milpas (como Corquín o sea Col-quín, que significa "Milpa del Sol"), todos alrededor de Cerquín, del Señorío de Lempira, que, si hubiese sido Chortí o Choltí, debiera haber estado rodeado de nombres con pronunciación Chol o Chor, y no con nombres cuyo componente es COL, "Milpa", que es nombre Maya.

Lempira, pues, es Maya; y su señorío, Cerquín, lleva también un nombre Maya.

Pedraza escribe este nombre como si fuera Zärquín.

En todo caso, está fuera de cuestión que la última sílaba Kin o Quin, en Maya, significa SOL.

Las poblaciones cercanas, La Paera, Laiguala, como también Piraera, Cerquín, y todos los nombres de las poblaciones serranas de Gracias y los que rodean a Cerquín, son todos de nombre Maya.

Piraera, dice Herrera, significa: "Sierra de las Neblinas", nombre que se aplica todavía a los lugares de Lempira.

Con la terminación "era" se encuentran muchos nombres, como Erapuca, que también significa: Cerro de la Neblina (Puc y Puuc, es cerro y serranía); y así La Paera, según lo entiendo, ha de significar: "allá donde termina la muralla de la neblina", o sea, "barrera de la neblina", como efectivamente lo es; y de igual forma, Laiguala, tendría significado de "allá donde termina la tierra en forma de abanico" o "al final, cerca del agua que se junta, donde la tierra parece un abanico".

No voy a repetir lo que dije ya en mi estudio sobre los COLO.

Terminaré diciendo que Cerquín es voz Maya, que Pedraza escribe Qärgin o sea, más o menos, Zärquin (Kin o Quin, significa Sol).

Y que Lempira, a pesar de las equivocaciones antes dichas, es nombre cuyo significado ofrece ya Herrera en el siglo XVI; según él, significa: "SEÑOR DE LA SIERRA".

Al igual que Lempa (probablemente "Lembá", que significa: "resplandecer"), así, Lempira, puede significar, según el espíritu de los Maya, "El resplandeciente" o "el resplandor de la sierra", que es lo mismo que SEÑOR DE LA SIERRA.

Así, Lempira no era Cakchiquel, ni Chortí, de esas familias, también Maya, que habitaban en los confines de Honduras por el lado de Guatemala y en las cercanías de Copán; Lempira era de lengua Maya y de familia Maya, de los MAYA de la Sierra, MAYA SERRANO,

"de mediana estatura, espaldudo y de gruesos miembros", como lo son en general los indios de la sierra, y como lo son, también, los Chortís que moran en las cercanías de Copán.

Es verdad que Landa describe a los Maya de Yucatán de talla alta, y quedan en Honduras tipos que se ajustan a la descripción dada por este Obispo que los conoció.

Pero debe de haber habido, también entre ellos, su diferencia entre grupo y grupo, y los de la sierra, debido al ejercicio continuo, deben haber encontrado dificultad en el desarrollo de la talla alta, con diferencia de los de los valles, que en ello debieron encontrar más facilidad.

Al tiempo que los españoles vinieron a conquistar las regiones de América, se formó, al lado de los relatos históricos, una serie innumerable de leyendas, entre las cuales tienen un lugar principal las leyendas de los tesoros que los reyes o los caciques habrían escondido antes que entregarlos.

Estas leyendas tuvieron también un lado práctico, porque después de algún tiempo, habiendo tomado una figura de verdad, algunos españoles menos precavidos se dieron a buscar los dichos tesoros, y en lugar de encontrarlos perdieron en esos trabajos toda su fortuna.

No podía, por lo tanto, la epopeya de Lempira, estar exenta de lo que se podría llamar, con un nombre general, "LA LEYENDA DEL TESORO ESCONDIDO".

El Profesor don Jesús Membreño, en la relación del viaje a los lugares de Lempira, del cual se ha dado cuenta en capítulos anteriores, refiere la siguiente leyenda:

"La tradición nos cuenta que durante el sitio, el Cacique hizo cargar en las espaldas de cien cargueros todos sus tesoros y los hizo depositar en lugar seguro sin que nadie hasta ahora sepa cuál fue ese lugar, y quién sabe si esa espiral, trazada tan vivamente, no sea el plano del subterráneo donde yacen depositados los fabulosos tesoros del PRIMER PATRIOTA HONDUREÑO. La creencia general es de que el cerro fue ahuecado para que sirviera de escondite a los tesoros y para depositar en él los cadáveres de los valientes que ofrendaron su vida en defensa de la autonomía nacional".

En otra leyenda se dice que Lempira mató a los cien cargueros para que no revelaran el secreto, según refiere el Padre Estrada, de Erandique.

Es de advertir que la leyenda del Zipa de Bogotá y del Zaque de Tunja, en Colombia, tiene los mismos caracteres; allí también, hace algunos años, se quiso descifrar una piedra grabada, en el sentido de que indicaba el escondite del tesoro llevado por cargueros indígenas, matados después de haber llevado el tesoro; aquí también, se habría llevado a un curioso, vendado, a conocer el tesoro depositado en una caverna.

La figura a que se refiere el Sr. Membreño, y que he fotografiado, no es sino la figura de una serpiente, posiblemente una cascabel "armada" para atacar la presa.

La otra figura en espiral, que existe también en la "Piedra del Pial", cerca de la Piedra de Quelepa de Gualcinse, y la llaman así porque la creen representar la figura de un "pial", o lazo de correa de piel de ganado para lazar, representa dos culebras en espiral, que se tocan con las cabezas en el centro.

Probablemente tiene un sentido mágico, por el cual se entendía tener fuerza para desbaratar a los españoles.

El Sr. Prof. don Jesús Aguilar Paz me comunicó otra leyenda que él recogió de una tradición existente cerca del Lago de Yojoa, y se conecta con las relaciones que Lempira tenía con los otros señores, en todo el camino de Cerquín, Gracias, Talgua, Lepaera y Lago de Yojoa.

Según esta tradición, Lempira, mientras estaba peleando en Cerquín con los españoles, mandó su tesoro con indios cargados, para que, pasando por Lepaera, fuesen a esconderlo al Lago de Yojoa.

Las leyendas, pues, son varias, entrelazadas unas con otras, y en relación con varias cuevas, sean ellas naturales o artificiales, que efectivamente existen en los varios lugares de Lempira.

Existen varias cuevas en el cerro de Coyocutena.

En una de ellas, se ven dibujos pintados en colores, rojo, negro y amarillo, que el honorable Sr. Diputado Leopoldo Hernández, que me acompañó en esos lugares, quiso amablemente fotografiar y mandarme, con restos de alfarería ordinaria y la descripción de ella.

Se encuentra al Sur del Cerro Coyocutena, al Este del Cerro Joscamón, al Oeste del Camino de Erandique a Piraera, en la hondonada, y no es profunda, sino superficial.

La más afamada de las cuevas de Coyocutena es aquella que se liga a la leyenda que he referido por primera, y que de viva voz me amplió el mismo don Jesús Membreño, que conoce muchas de esas.

Me contó que el señor don Dionisio Perdomo, el padre de Cupertino Perdomo, que he citado en capítulo anterior, hombre principal entre los moradores de Erandique, y que vivió hace muchos años, obtuvo el secreto para entrar a la caverna del tesoro.

Efectivamente, entró en ella, y en el trayecto para llegar al tesoro, encontró muchos animales monstruosos. Al principio no les tuvo miedo, pero, al final, encontró una serpiente de grandes dimensiones que le amenazó.

Entonces le entró un miedo grandísimo; volvió las espaldas y perdió el sentido.

Cuando acordó, se encontró en medio de un robledal, a un lado de la caverna.

Desde entonces quedó loco, y cantaba esos versos, de los cuales Membreño publicó solamente la primera estrofa:

"COY' COTE-NA-BANCO DE ARENA-MARIQUIGUANA-TOCA LA DIANA".

Se decía que esta caverna está en el Cerro COYOCUTENA, y que la cierra una gran piedra, la cual, para poder entrar, no puede ser removida, sino por el que posea el secreto; y este secreto es un canto que está encabezado por los versos sobredichos.

Don Jeremías Cisneros Milla, de Gracias, me refirió que don Inocencio Cruz, de Erandique, con su hermano Justino, han visto una cueva tapada por una gran piedra, y suponen que esa es la cueva de Lempira.

A las personas que saben la leyenda, les da miedo tocar esa piedra y levantarla para conocer el secreto y ver lo que hay.

Está en el Cerro de Coyocutena, en el camino de Erandique a San Antonio. Suponen que el famoso tesoro esté enterrado allí.

Otras cuevas están situadas en el peñón de Cerquín.

A ellas, como a las de Coyocutena, se refiere también don Jeremías Cisneros en su poema sobre Lempira.

Don Jesús Membreño me ha referido también las leyendas que se cuentan de ellas, y lo que él ha visto.

Me cuenta que él ha visto la boca de una cueva, en la catarata del Río Mecate, en la base del peñón de Cerquín; un largo corredor, desde esta cueva, llevaría hasta el pueblo de Piraera, en donde hay un cerrito que encierra una cadena de oro que llegaría hasta los pies de la imagen de Santiago que está en la iglesia parroquial de aquel pueblo[37].

---

[37] Me contaba don Jesús Membreño que hay un cerrito al O. de Piraera, que parece artificial. Allí vive un "encanto". Este "encanto", que no se sabe lo que es, si un monstruo o serpiente, tiene el encargo de cuidar la boca del corredor subterráneo que allí desemboca y que principia en la base del peñón de Cerquín, en la catarata que cae del río Mecate. Efectivamente, en este lugar, desde el bordo de

Otras cuevas existen en lo alto, casi en la cima del peñón de Cerquín, en la parte NE., cerca del que he llamado "Pan de Azúcar", en donde fotografié trabajos de defensa.

Son tres cuevas, inmediatas entre sí. Dos de ellas no parecen profundas; la tercera tiene cuento aparte.

Don Ildefonso Díaz[38], natural del Valle de San Antonio, cerca de Erandique, en donde estuvo acampado el cuartel general de los

---

Cerquín, en la ladera Sur, bajando para Jupual, se ve un boquete oscuro que es la entrada de una cueva, que dicen que es el principio del corredor que llega hasta Piraera. También se dice que en este cerrito de Santiago hay grandes tesoros, y que desde allí va la cadena de oro que está sujeta al pie de la imagen del Apóstol Santiago en la iglesia parroquial de Piraera.

Otra variante de la misma leyenda me refirió el profesor Membreño. Cuando Lempira se vio rodeado, los indios sin comida y los españoles a 50 metros, él mandó 50 "tlamémes" o indios de carga, cargados de oro (dice la tradición), a depositarlo en las pozas más profundas del río Mecate, o bien en alguna caverna en donde hay una gran catarata que cae al pie del peñón de Cerquín. Allí hay una gran caverna y en sus laberintos se esconde el Tesoro de Lempira. Toda esta caverna está comunicada por caminos subterráneos con el señorío de Etensicá (es decir, Entepica), de Piraera.

[38] Don Ildefonso Díaz, el 24 de marzo de 1942, me contó que en el verano de 1909, un año después del descubrimiento de don Jesús Regalado, siendo él todavía pequeño, fue con un hermanito a ver la cueva y bajó adentro con luz de ocote (pino fino). Encontró la boca de la cueva, grande, como de 80 centímetros de abertura; y bajando unos cinco metros por gradas hechas en la piedra por Regalado, llegó al fondo en donde encontró las tres galerías. La segunda vez, en octubre de 1941, fue a la cueva con su hermano Zacarías; encontró que la boca medía unos 40 centímetros, tanto para pasar su cuerpo. Vio la boca reducida y el hoyo vertical; y llegando casi a la mitad, vio solamente una galería horizontal casi obstruida, con un hoyo en la boca, por donde tiró un lazo y midió cerca de cinco metros. Todo está casi obstruido por las piedras que se derrumban continuamente por el centro del hoyo y es muy peligroso andar por dentro. Por fuera, casi en la base del hoyo antedicho, hay otra pequeña cueva que deja pasar de un lado a otro por fuera, y será como de unos tres metros de largo. Allí Ildefonso sacó algunas piececitas de alfarería; dos de ellas pintadas, algunos huesecitos un poco más lejos; otro de canilla agujereada, como de pito, juntado con un pedazo de olla tiznada por el humo, allí mismo donde encontró los dos tiestos pintados. Estaban metidos en la hendidura de la roca, y escarbando la tierra salieron afuera. Otros huesitos estaban con un tiesto de oreja rota. Una piedra rayada estaba al pie del cerro. Encontró también algunos pedacitos de cuchillas o navajas de obsidiana, de las cuales hay muchas.

españoles, me dice que en el año de 1908, un señor salvadoreño, don Jesús Regalado, hermano del ex-presidente Tomás Regalado, destapó

Otros tiestos y obsidiana se encuentran entre los calpules de Eguate, muchos de los cuales parece que fueron escarbados.

El 25 de enero de 1943, subió nuevamente en compañía del Rev. P. Brígido Estrada, cura párroco de Erandique, para darme detalles más seguros. Confirmando lo dicho, el Padre Estrada, que tomó también las direcciones de los puntos cardinales, me cuenta que, subiendo arriba, encontraron una culebra "muy desconocida", que dormitaba. Tomó la orientación de la punta del peñazco, que llamé "Pan de Azúcar", al N. O., y la punta oriental, al S. E. En la parte cercana al "Pan de Azúcar", como abordando a salir en dirección para Erandique, están las tres cuevas inmediatas entre sí; no profundas; parecen grietas naturales, tapadas con piedras. La tercera parece trabajo de mano de hombre, tiene como dos gradas, pero todo termina en una angostura de peñascos en la que puede uno pararse sin tener dónde dirigirse; esta es la descrita por Ildefonso, y debe de haberse tapado después por desquiciamiento de piedras.

El cielo de esta cueva es de peñas como cuadradas, pero más bien naturalmente resquebrajadas y sostenidas unas con otras; y en lo profundo no se comprende que hubiese habido tales calles de visitar. El Padre Estrada se muestra, pues, algo reservado y termina diciendo que un amigo le decía, hace poco, que él conoce una abertura en las faldas de Coyocutena, en cuya profundidad se encontró un esqueleto humano muy antiguo, y es muy profunda.

La tradición que hay del famoso tesoro es que Lempira lo trasladó con muchos hombres y que después los mató a todos para que no revelaran el secreto.

A fines de febrero, el Padre Brígido volvió con Ildefonso a Cerquín y encontró verídico lo que cuenta Ildefonso. Ahora no se reconocen las calles de la cueva por el hundimiento de la parte superior; las otras grietas se dirigen interiormente hacia la dicha cueva, y las voces desde una de ellas se oyen en la otra. La altura de esta cueva es de cinco varas y media. Hallaron otra cueva que mide casi igual altura, sita en un reborde peñascoso inmediato; se puede caminar adentro algunos pasos; sobre la mitad interior, el suelo está cubierto de piedras; apareció una grieta de poca profundidad, y no se descubrió más por temor de un desquiciamiento de una gran piedra que está sobre la entrada de la cueva.

Un vecino del cerro que los guiaba aseguró conocer tres cuevas más, pero más pequeñas.

Por lo dicho, se conoce cómo los indios de Lempira pudieron ser numerosos y tenían en Cerquín muchos refugios.

Con respecto a los esqueletos encontrados en Coyocutena, el Padre Estrada vuelve a decir que en la misma ocasión fueron a Coyocutena, visitaron la cueva del esqueleto, y encontraron que no era tal, sino un hueso como de mandíbula de animalejo.

esta cueva, que tiene la abertura del cuerpo de un hombre; pero cuando la destapó Regalado, era más ancha.

En ella se podía bajar hasta cerca de cinco metros.

El mismo Regalado excavó unas gradas en la piedra para poder bajar.

Al fondo están como tres galerías (que llaman "calles") en tres direcciones diversas, tan anchas que caben dos hombres de lado y tan largas como unos diez metros.

De este lugar me trajo el mismo don Ildefonso algunos tiestos toscos y una punta de flecha de obsidiana, descabezada.

Dicen que el señor Regalado encontró en esta cueva piedras preciosas que mostró al padre de Ildefonso; que, después de haberlas visto, lo contó a sus hijos.

Finalmente, entre las leyendas se debe colocar lo que me comunica el Señor Cura párroco de La Candelaria, (antes Jocongüera), padre Joaquín Mejía, en reciente carta, y que refiero en nota, como curiosidad.[39]

---

[39] "PALACIO DEL CAQUIQUE LEMPIRA. Tesoro Áureo. Modo de vivir y cómo llegar allí. Referencia dada por Félix Escobar, del barrio 'La Reforma', de Guatemala. Lo que a él le dijo un nativo."

Un viejo amigo mío, dijo, era conocedor del Palacio de Lempira. Estando medio ebrio una noche, lleno de su entusiasmo, me ofreció llevarme a la habitación del Rey (como ellos le llamaban), todo con tal que yo tuviera valor y guardara el secreto. Todo lo aseguré yo, dijo el indio.

Después de tomado juramento estricto, siendo la noche oscura, me llevó por la calle, y estando cercano a la iglesia de La Merced, me vendó fuertemente y me supo desorientar. Me condujo enseguida por un local medio inclinado, y como a dos cuadras nos detuvimos. Sentí como ruido de levantar una piedra y luego me dijo: "Si tiene valor, entramos".

"Sí", le dije.

Empezamos a bajar por gradas algo tendidas y anduvimos como ciento cincuenta varas. Allí me desvendó y con un achón de ocote me llevó por camino plano hasta llegar a una pila redonda llena de agua, con canales para surtirse y vaciarse, con direcciones diametralmente opuestas.

Pasóme a nado la pila, que es redonda, y al salir de esta, encendimos nuevo achón y seguimos, ya quebrando en ángulos, ya rectamente, hasta que llegamos a una especie de sala cuadrada, donde había como bancos de tierra para poderse sentar. Miramos añicos de vidrios de diferentes colores en dos esquinas; alacenas en los paredones y ciertos artefactos de barro.

"Veamos el aposento interno", me dijo, "allí está la riqueza de nuestro Rey Lempira". Entramos y miramos el lugar donde dormiría; había colgadizos en estacas, ciertos vestidos hilados que relumbraban a la lumbre.

"No los toque siquiera", me dijo. "Vea allí", añadió, "este es el tesoro que guardamos", y se echó a suspirar y a llorar.

"¿Puedo coger algo?", le pregunté, y me dijo: "Coja una pieza chiquita, no más", y cogí una pepita de oro amarillo, como de una o dos onzas.

"No la enseñe a nadie", me dijo, y regresamos.

El indio era viejo y del pueblo de Santa Cruz, llamado así hoy. Quedó de llevar al relatante Escobar, pasado el Año Nuevo de ese año (1905), pero no se verificó la visita.

Con respecto a este anterior relato, comunicado por el Padre Mejía, debo anotar que otro cuento casi en todo semejante me fue relatado en Tunja, República de Colombia, acerca del "Tesoro escondido" del Zaque.

Cerca de Tunja existe una población que se conserva indígena pura desde la conquista, y se dice que uno, entre ellos, posee el secreto de la cueva donde fue escondido el famoso tesoro. Si hace revelaciones, lo matan.

El secreto pasa de uno a otro, de generación en generación.

Un cura que había estado cuarenta años entre ellos y gozaba de toda la confianza, logró que una noche lo llevaran vendado a ver el tesoro: eran montones de esmeraldas y de oro. El cura, que murió hace no muchos años, contó el secreto, diciendo que había calculado que lo habían hecho caminar vendado como un cuarto de hora.

Naturalmente, tanto el uno como el otro son puros cuentos.

El Padre Joaquín, en su carta, me ofrece otros datos interesantes, que son los siguientes:

"La pista empedrada de 'Cerique' (cerro Cerique) sigue la misma dirección que la del 'Gualacapa', en Valladolid, esto es, de Oriente a Occidente, más o menos.

La de Gualacapa comienza en un cintón, donde está la portería del cerro. Aquí no he podido constatar si hay cavernas que fueron habitadas, pero sí, hace dos meses me trajeron artefactos cerámicos y de piedra chispa (sílice) muy acabados en perfección; de estos los hay parecidos en Arcatao, Ereman, en línea occidental hasta la 'Piedra del Ermitaño', departamento de Chalatenango, El Salvador.

De aquí gira rumbo al N. por montañas hasta llegar al llano de La Criba, donde hay una piedra plana, en cuya faz superior hay muchos bajorrelieves interesantes.

De aquí quiebra una línea al Oriente, que pasa al Norte de Copán (las ruinas), 'Quietimá' (hoy Veracruz), Quezailica, Lepaera, El Pital de Intibucá, etc., hasta cerrar lo que eran los dominios del Caudillo".

En el presente estudio ya se ha especificado cuáles eran y cómo se deben entender los "Dominios de Lempira".

EPÍLOGO

Dedicado al Excelentísimo señor Licdo. don Salvador Aguirre, Ministro de Relaciones Exteriores, dignísimo y munificeníisimo hijo de Comayagua, el valle Maya de la abundancia.

Canto de las Epopeyas

La epopeya de Lempira era digna de ser evocada y puesta a la altura de su verdadero valor.

No se puede describir ni juzgar con dos palabras la epopeya de la Conquista de América. Dejando a un lado la moralidad de los hechos en particular, en gran parte debido a las circunstancias atenuantes, de descubrimientos y de conquistas imprevistas, tanto por los Reyes de España como por los varios Conquistadores que de improviso se encontraron frente a frente con mundos nuevos que presentaban problemas muy variados y, en aquel tiempo, difíciles de resolver, y debido también a las condiciones evolutivas de la Europa, a la enorme distancia entre la parte dirigente y los gobiernos improvisados, a la revolución de las ideas filosóficas y de gobierno y al materialismo aplicado a la guerra, a la diferencia improvisa de la táctica usada en las guerras de Europa y la táctica que se debió aprender y usar en la lucha con los indios, especialmente con los maya, y a las dificultades y peligros de ser exterminados los pocos españoles que se aventuraban a conquistas superiores a sus fuerzas; debemos confesar que, si en muchos lugares los indios fueron héroes en defender su propia libertad, también la mayor parte de los conquistadores, que a veces no sabían siquiera poner su firma en los documentos, como tampoco la sabía poner el famoso Carlomagno, sin embargo, eran seres superiores en la repentina conquista y en la primera organización de los pueblos, aunque después se imponía la sustitución, cuando el orden era restablecido.

Eran ellos los héroes de la conquista; eran los forjadores de nuevos reinos y los fundadores de numerosas ciudades modernas.

A pesar de todos los defectos, fueron los hacedores de América.

A no acaecer su muerte repentina, Lempira acaso hubiese prevalecido momentáneamente; pero las diferencias que había entre los señores que acompañaban al Caudillo y la idea del fin del mundo que los obsesionaba; y la constancia y el valor de los españoles, que, no triunfando una vez en Cerquín, hubiesen encontrado el camino para doblegar la resistencia, de una manera o de otra; todo eso hubiera producido, al poco tiempo, la conquista de Honduras, ya bastante conocida en todos sus caminos y en sus ricas minas, que venían descubriéndose rápidamente.

CONSECUENCIAS DE LA CAÍDA DE LEMPIRA

La caída de Lempira tuvo por consecuencia la terminación casi inmediata de las guerras en gran escala, quedando, como siempre sucede, los pequeños focos que resistían en los territorios de Cerquín y a lo largo del río Ulúa, focos que todavía estaban prendidos en 1544, cuando Pedraza escribía la segunda Relación al Rey.

Entonces fue posible la reunión de los indígenas en pueblos compactos y la orientación de la prosperidad de Honduras como un nuevo Ser Nacional. Separada Honduras del caos centroamericano, caos que venía como consecuencia de que muchas gentes de raza y cultura casi uniforme estaban divididas políticamente y ocupaban extensas regiones de indefinidos confines, comenzó su vida independiente, y en la maciza figura de su territorio, se vislumbró la futura Nación.

Entonces fue posible el surgir de la futura Capital de Honduras, Comayagua.[40]

Se sabe efectivamente que la Hacienda Jupuara era muy extensa, y se dividió en varias partes; perteneció a María Lastiri, esposa de Morazán.

---

[40] Capital de la Provincia de Honduras fue casi en seguida COMAYAGUA.

Gracias a Dios, fue por muy poco tiempo la ciudad principal y sede del Gobernador y del Obispo. Ya se ha visto cómo de los documentos resulta claramente que no fue fundada por Juan de Chávez.

Pero, en otra leyenda que me refirió el Prof. don Jesús Membreño, aparece como fundador. Es la siguiente: Dicen que cuando Chávez fundó Gracias, le dio por nombre "Gracias a Dios de las Mercedes"; y dio también nombre a dos ríos que corren en las inmediaciones, el Arcagual y el Tejar.
El nombre "de las Mercedes", que realmente llevó por algún tiempo, debe de ser una añadidura posterior y no de Chávez.

En mi estudio sumario que hice a raíz de los viajes que efectué en varias fechas, desde 1939 hasta ahora, por todo el Valle de Comayagua (véase "Descubrimiento de la Gran Metrópoli Maya en el Valle de Comayagua", Rev. del Arch., desde abril de 1941 hasta junio de 1942; "El Cronista", 4, 5 y 6 de marzo 1941; y Rev. Geogr. Amer., n. 93, junio, 1941), yo observé que el centro principal de la gran Metrópoli Maya estuvo situado en el propio centro del Valle, en el punto en donde el gran montículo de más de 25 metros de altura, que llamé "el gran templo central", forma con otros montículos aquello que debió constituir el centro del culto y el centro del gobierno de toda aquella comarca, y se encuentra situado frente a la desembocadura del río Canquigüe.

Grandes montículos, restos de importantes lagunas y de vastas poblaciones de ricos y de pobres, rodeados de extensas milpas que ahora son ocupadas por biscuitales, con sus largos brazos, formando numerosos barrios, como si fuera una New York de los antiguos tiempos, ocupaban, de Norte a Sur y de Este a Oeste, todo el Valle y fueron el motivo por el cual los maya llamaran a aquel lugar, fértil y hermoso, el granero, el valle de la pesca y de la caza, o sea COM-MAYA-UAH, que quiere decir el Valle Maya de la Abundancia.

Tenampúa, en lo alto de un cerro que surge del Valle como un gigante aislado y cortado a pique, con sus piscinas, cuyos restos he encontrado allí todavía, con sus lagunas, con su juego de pelota, sus templos, palacios y puntos de observación, debió ser el lugar fresco y señorial de recreo, de culto y de descanso de los grandes señores del Valle de Comayagua. Montejo encontró allí agua, leña y sementeras, y dice que "tenía doscientas y veinte casas grandes y ciertas tempas y adoratorios".

Desde tres puntos especialmente, Los Galeanos, Miraflores y Moloa, se observaba, en las diversas estaciones, salir el sol por la punta occidental de Tenampúa; eran, con toda probabilidad, los tres observatorios principales. Otro observatorio que descubrí al occidente de Cane, era, acaso, un observatorio del planeta Venus, con cuyo signo está formada la superficie de la plataforma sobre la cual están situados los dos montículos de piedra que formarían el observatorio, en el vallecillo de La Cañada.

Por aquellos observatorios se darían los días del calendario agrícola y los de las fiestas religiosas y civiles, además de averiguarse la cuenta de los 52 años en el ajuste del ciclo solar con el de Venus.

La gente de los varios barrios debió participar en las fiestas mayores que se celebraban en uno y otro punto del Valle, y de todas partes concurrirían al gran templo situado en el centro.

Cuando Cortés escribió la quinta carta a Carlos V, no olvidó decirle que Honduras no sería menos que México, por las grandes y ricas provincias y los grandes señores que había en ellas.

Por lo tanto, aunque en cierta decadencia, como lo eran todos los grupos maya de aquel tiempo, sin embargo, al decir Cortés que era otra Colúa, significa que había gran número de gentes y buenos señores.

La llegada de Alvarado y de los españoles fue desastrosa. La gente se fue o se destruyó como por encanto; y cuando yo visité las ruinas del Biscuital y de otros lugares del Valle de Comayagua, conocí toda la tragedia.

En los dinteles de las casas, grandes y chicas, quemadas o abandonadas, y después deshechas por el tiempo, encontré montoncitos de pedazos de obsidiana, que eran los restos de las flechas que habían fabricado los maya, apresuradamente, para resistir la embestida de los españoles.

LA PRIMERA FUNDACIÓN DE COMAYAGUA

El capitán Alonso de Cáceres, según la cronología que se puede sacar de la comparación de las cartas de Montejo con la relación de Pedraza, había llegado a hacerse entregar la Gobernación, en Opoa, por noviembre o diciembre de 1536.

Después de pocos días, comenzó a entrar por la provincia de Gracias a Dios a la provincia de los Cares, es decir, por la parte de Intibucá, metiéndose al valle de Comayagua y de Olancho.

Entretanto llegó Montejo a Opoa, y después de escrita la primera carta de mayo de 1537, cuenta lo siguiente en la carta de 1° de junio de 1539:

"...envié el más socorro que pude a Alonso de Cáceres, Capitán que había enviado a un valle que se dice de Comayagua, a pacificar y sosegar aquellas provincias; y con el socorro que le envié, plugo a

Nuestro Señor que en breve tiempo se pacificó y sosegó; y en nombre de V. M., se pobló una Villa que se puso por nombre Santa María de Comayagua; y el Capitán me vino a dar cuenta de todo lo sucedido; y para hacer el repartimiento, así de aquella Villa como de esta Ciudad y de la Villa de San Pedro…".

En la carta citada, la fundación de la Villa de Santa María de Comayagua aparece efectuada antes de la vuelta de Cáceres a Gracias, y esto concuerda con lo que dice Pedraza, el cual se refiere seguramente a la repoblación por segunda vez.

Si se compara la fiesta del Santo, en Comayagua, que es la Inmaculada Concepción, con el tiempo gastado por Cáceres en la pacificación, en el camino desde la provincia de Gracias e Intibucá, y el interés por las minas de Olancho y su pacificación, se puede llegar a la conclusión de que la primera fundación oficial (si la hubo) y la población de la Villa de Santa María de Comayagua, debe haberse efectuado en el día en que se celebraba una fiesta de la Santísima Virgen, en el año de 1537.

Fiesta de la Inmaculada Concepción como Patrona, habría sido escogida; pero el nombre que se le dio fue solamente Santa María de Comayagua (1).

Entretanto, el nuevo repartimiento que comenzó a hacer Montejo, exasperó los ánimos de los indios, que comenzaron a darse cuenta del significado de ello, porque los españoles exigían cargas y personas para trabajar. Era la pérdida efectiva de la libertad.

Al darse cuenta de que entre los españoles había también diferencias, se sublevaron los de la provincia de "Qarguin" (Cerquín), se sublevaron los Cares, en San Pedro mataron cuatro españoles, y los de las sierras se alzaron a la par de los del río Ulúa.

Mientras tanto, se rebelaban también los indios cercanos de Tencoa, en Yamalá, y en Comayagua llegaron a matar un español y cuatro caballos y a herir a todos los otros españoles y caballos.

Comayagua fue desamparada; los españoles huyeron a Tencoa con solo sus caballos; todo lo demás fue presa de los indios, que destruyeron la primera fundación.

La toma de Tenampúa y la segunda fundación de Comayagua

Al hacer el repartimiento, estando todavía Alonso de Cáceres en Gracias, Lempira sublevó a toda Honduras y se fortaleció en el peñón de Cerquín.

Alonso de Cáceres, enviado por Montejo, probablemente en febrero de 1533, se situó en el Valle de San Antonio y puso al peñón el sitio que duró más o menos cinco meses y ocho días.

La caída de Lempira y la toma de Cerquín coincidió con la destrucción de Comayagua en julio o agosto de 1538, habiendo comenzado la rebelión en el postrer pueblo de aquella comarca y hacia la villa llamada Guaxerequí.

Todo el territorio estaba en guerra, y Montejo envió con un capitán toda la gente que había llegado herida de Cerquín y de Comayagua, dándoles nuevas armas y bastimentos.

Y llegado que fue el capitán, halló toda la gente de guerra, y alzados todos los bastimentos, y halló que todos los ganados que habían dejado los habían muerto los indios y comido, y vióse en tanta necesidad, que pensaron todos morir de hambre. Y en tanto, yo proveí todos los más ganados y armas que pude, y curados los heridos que quedaban, envié al Capitán Alonso de Cáceres, mi teniente, con toda la más gente que allá andaba. Y llegados,

dábanle tanta guerra los indios que no se podían valer con ellos por ser la tierra tan áspera y tan mala; y enviáronme a pedir socorro, y salí con toda la gente que pude haber, y fui por aquella provincia de Cerquín que ya estaba de paz, y de ella y de las provincias comarcanas saqué mil y quinientos amigos muy bien aderezados y muy buena gente, y fui por todos los términos de esta cibdad y por todo lo que estaba de guerra; y por doquiera que iba, todos los pueblos alzados que hallaba, los dejé sosegados y de paz, hasta que pasé de la otra parte[41] de la villa de Comayagua.

---

[41] Cáceres debe haberse ido directamente desde Cerquín, buscando el camino de Intibucá, bajando por Cane o por Lamaní, porque Montejo da la señal de que la tierra a la cual llegó era "tan áspera e tan mala"; y el "peñol" que tomó por fuerza, debe haber sido uno que se encuentra en el camino de Lamaní a Aguanqueterique, en el cual se dice que se hallan restos de casas.

Montejo debe haber pisado por La Paera, Tencoa y Siguatepeque, donde tenía gente amiga o gente pacificada.

El capitán que andaba de la otra parte pacificando, como supo que yo andaba por las espaldas, conoció la flaqueza en los indios, y fue a un peñol donde estaba mucha gente recogida, que era el más fuerte de aquella comarca, y tómolo por fuerza; y luego le vino de paz aquella provincia, y le dijeron como yo había pasado adelante, y que iba derecho al pueblo donde mataron los cristianos, que se llama Guaxerequí, que tenían en él un peñol, el más fuerte de toda aquella tierra.

Yo me fui derecho a él, y un día antes de que llegase, lo desampararon y no osaron esperar; y visto el peñol, que era la cosa más fuerte que se ha visto, que si tuvieran tiempo de cortar un cuchillo de sierra que estaban cortando, era imposible tomarse, porque tenían dentro agua, leña, sementeras y muchos bastimentos; tenían doscientas y veinte casas grandes y ciertas tempas y adoratorios. Quiso Dios no darle lugar a ello.[42]

---

[42] Era TENAMPÚA, que después de este hecho quedó inmediatamente abandonada por siempre, y con la destrucción del Valle, quedó completamente olvidada.

Yacen sus privilegiadas ruinas, acariciadas por el sol y por la brisa, mirando al hermoso Valle y esperando, de día a día, que una mano benéfica les devuelva algún esplendor, para que se conozca y se admire lo que fue.

Todavía se conoce, en el extremo nordoriental, el "cuchillo de sierra que estaban cortando", trabajo que no llegaron a terminar, y se ven todos los restos de casas, de "tempas y adoratorios" de que habla Montejo.

Las revoluciones la tomaron varias veces como punto de apoyo, y en mis visitas a aquel cerro lleno de historia y de encantos, recogí también algún cartucho.

"Tecpan" significaba: palacio, que a veces era morada sagrada.

(x) Todo lo que aquí cuenta Montejo, sucedió en el lapso de tiempo de cuatro meses, desde su salida de Comayagua, probablemente a fines de noviembre de 1538, y la vuelta hasta Gracias, por abril de 1539.

Me parecen pocos los días, desde fines de noviembre al 8 de diciembre, para poder asegurar que Montejo, después de un largo viaje y de la toma de Tenampúa, pudiese fundar nuevamente la ciudad en esa fecha.

El Obispo Pedraza, en la Relación muchas veces citada, cuenta que llegó a Puerto Caballos, el 13 de septiembre de 1538, y debe haber llegado a Gracias en los primeros días de octubre, habiendo gastado en el camino, a lo más, unos 23 días.

Hacía pocos días que se había acabado de pacificar la tierra, desde el Valle de Naco hasta los términos de Gracias a Dios, y por ende, Cerquín, que, como he dicho, debió caer entre fines de julio y los primeros días de agosto.

Allí esperé al capitán y nos juntamos ambos, y en cuatro meses, que por allá anduve, pacifiqué y conquisté todas aquellas provincias hasta el valle de Ulancho; y en todo este tiempo nunca se hizo un solo esclavo".

"....Acabado esto que he dicho, me vine a la villa de Comayagua, y la fundé de nuevo, e hice alcaldes e regidores, y en el repartimiento hiziéronse treinta y cinco vecinos, los más dellos de muy pocos indios; y de allí me vine a esta Cibdad de Gracias a Dios....".

"...envié a llamar al capitán que estaba en la Villa de San Miguel... vinieron a verse conmigo, y por ver la destrucción que había por todos aquellos pueblos, todos despoblados e quemados..".

"Demás desto, yo llegué a la vista de la Mar del Sur, y del Puerto de Fonseca, y desde una sierra descubrí el camino, e envié gente a vello".

Entonces Comayagua fue fundada de nuevo, y desde a poco tiempo tuvo su Obispo, su Catedral y su Convento de Frailes Franciscanos. Fue así Sede de los Obispos, residencia de los Gobernadores y Capital de la Provincia de Honduras, con aspiraciones, por su privilegiada posición, a ser un punto de principal apoyo para la América Central.[43]

LA SUERTE DE HONDURAS

Honduras hubiese tenido la misma suerte y la fortuna de México, si le hubiese tocado un buen conquistador, a quien se hubiese dado

---

Después de esto, Montejo había ido "por aquella provincia de Carguín, que ya estaba de paz, y de ella y de las provincias comarcanas sacó mil y quinientos indios amigos" (vueltos nuevamente enemigos de los Cares), "muy bien aderezados y muy buena gente".

Y habiendo dejado todo en paz, se fue a socorrer a Comayagua.

Fue, según dice Pedraza, habiendo pasado casi dos meses desde la llegada de este Obispo a Gracias; es decir, a fines de noviembre de 1538.

[43] Las cartas de Montejo, las Relaciones de Pedraza y otros documentos hablan claro, que se quería que atravesara por Honduras el camino por el cual se debían llevar todas las mercaderías de la América Central y del Sur, sin hacerlas pasar por el Istmo de Panamá.

Se demostraban todas las ventajas del Golfo de Fonseca, en el Pacífico, y de Puerto Caballos, en el Atlántico, unidos por el corto camino que iba por Comayagua.

tiempo y oportunidad de aprovechar sus grandes riquezas en metales, en numerosa población, en fértiles territorios y en altos señoríos.

No se debe creer que Honduras fuese desierta y pobre, ni que los señoríos Maya de que estaba compuesta estuviesen postrados y en gran decadencia a la llegada de los españoles, ni que las ruinas que se encuentran por todos los rincones de Honduras, a lo largo de sus importantes ríos y de todos los afluentes y cursos de aguas, fuesen restos de poblaciones desiertas desde muchos siglos.

Si Montejo, en su carta, pide negros y esclavos para trabajar las ricas minas; si los franciscanos, cuando pasó por Honduras el P. Alonso Ponce, en 1586, pusieron solamente una custodia y no una provincia, porque ya había pocos españoles, a causa de la escasez de indios; pregúntese qué indios eran los de las 27,000 bateas con que se sacaba el oro en Olancho; y pregúntese a Cereceda, a Pedro de Alvarado, a Juan de Chávez y a otros jefes militares, qué hicieron de tantos jefes maya y de tantos indígenas que había en Honduras.

Porque cuando llegó Montejo, todos los indios se habían subido a las montañas e ido a los bosques, desamparando sus poblaciones; y muchas poblaciones fueron quemadas por ellos y otras por los españoles mismos.

El Valle de Comayagua, como otros valles, era todavía el Valle de la Abundancia, adonde los españoles iban a buscar mucha comida; pero, cuando se levantaron últimamente los Cares y destruyeron la primera Comayagua, el capitán que llegó para pacificarlos, "vióse en tanta necesidad, que pensaron todos morirse de hambre".

Y el Valle de Comayagua nunca más se ha repuesto y sus grandes ruinas yacen durmiendo el sueño de los siglos, a lo largo de todos sus ríos y de todas sus quebradas.

Fue un gran mal, que cuando Colón descubrió Honduras e hizo decir en la Punta de Caxinas (cerca de Puerto Cortés) la primera Misa que se haya celebrado en el Continente Americano, no se hubiese quedado para poner allí una primera colonia y fundar la primera ciudad.

Acaso hubiese tenido suerte diversa también su persona, ya vieja y enferma, si en lugar de meterse en Chiriquí, hubiese buscado el oro de Olancho.

Fue un gran mal, cuando Cortés, vistas las riquezas y señoríos de Honduras, al tener ganas de quedarse, le llegó la noticia de que en la Nueva España se le quería derrocar.

En lugar de colonizar pacíficamente este territorio, como hubiera sido capaz de hacerlo, con su inteligencia y con su férrea voluntad, tuvo que abandonarlo y no volver jamás.

Honduras hubiese tenido la misma suerte de la Nueva España, y, acaso, más aún.

Fue un gran mal lo que hicieron Cereceda y Alvarado, ahuyentando a los indios, matándoles sus señores, tomándolos esclavos y cometiendo toda clase de barbarie con ellos: fue un mal irreparable; y peor mal fue la muerte de Alvarado, porque él, con su señorial e inteligente audacia y su sed de oro, hubiese reparado los daños anteriores y elevado a Honduras a la altura de Guatemala, y más aún.

Fue un mal, que obtenida la gobernación el Adelantado don Francisco de Montejo, se la quitasen a este Gobernador inteligente, activo y emprendedor, para dársela a Alvarado, que murió y nunca más llegó a Honduras.

Cayó entonces Honduras en manos incapaces de entenderla y de hacerla resurgir de las ruinas.

Bien dice Pedraza, en su relación de 18 de mayo de 1539, que casi todos los gobernadores, en lugar de ser padres fueron padrastros.

Refiero, para terminar, las mismas palabras de Pedraza, que hago mías:

"...con los males pasados y destruimientos que se han hecho en los dichos pueblos y en los dichos naturales dellos de la dicha governación, por los governadores o desgovernadores pasados desde el tiempo que governó Diego López de Saucedo, y Cereceda, aca, que no devieran, está esta tierra tan perdida que en pueblo que en dicho tiempo que ellos gobernaron habian mill yndios aunque otros quieren decir casas, no ay oy una, ni uno....y sepa Vuestra Magestad que son tan pocos los yndios e pueblos que ay el dia de oy en esta tierra, que por cierto un rrepartimiento de los de México, o un solo conquistador o poblador, tiene más yndios que toda esta governación de cabo a cabo; y no piense Vuestra Magestad que esta es fábula, sino la pura verdad, que por cierto no creo que ay en toda la governacion quinze mil yndios, a do avia, segund he sido informado, al tiempo que Gil Gonzáles de Ávila vino a ella, y el Marqués Hernando Cortés, de personas que con ellos vinieron, que estan oy en dia en esta governación, tanta jente casi como en México, y tanta policia y rrazón, y que hera una gente muy bien dispuesta e ataviada y de mucho arte, ni más ni menos que de la Nueva España la muy polida, y pluguiera a Dios que nunca el Marqués del Valle saliera della, ny un teniente y capitan que dexo el dicho Marqués en ella, que se dezia Sayavedra, al tiempo que salió della, porque la dicha tierra no perdiera tal padre, porque todos los demas que después an venido hasta que vino el dicho Adelantado don Francisco de Montejo, han sido padrastos que desde aquel tiempo aca jamás llegaron a lo que hoy en día está de paz".

DIOS SALVE A HONDURAS

¡Salve, bella Honduras! Rica matrona sentada en un trono de ámbar y cubierta de un rico manto de verdes pinos, cuyas orlas besan los dos mares.

Rica de perlas, de plata y de piedras preciosas es tu corona; tu cetro es de oro, como de oro son los brazaletes, pendientes y calzares.

Y platino y oro, y plata, y perlas y piedras, y todo cuanto hay de riquezas en el mundo, tú lo tienes en las franjas y en el fino bordado que enriquece y hace deslumbrar tu vestido.

Y tu rostro es apacible y lleno de gloria celestial, y el aroma de tu perfume, vaporoso, sublime, inefable, es inebriante y hace suspirar... y el suspiro es como de cielo...

¡Salve, Honduras!

Que tus hombres sean Lempira, y tus gobernantes se parezcan a Cortés y a Montejo.

¡Salve, Lempira! ¡Dios te salve, Honduras!

MONSEÑOR FEDERICO LUNARDI
NUNCIO APOSTÓLICO

APÉNDICE: EL FIN DEL MUNDO MAYA AL TIEMPO DE LEMPIRA

Nuevos aspectos de los antecedentes históricos de su muerte épica.

Al ilustre amigo graciano General José
León Castro, Jefe de la Zona de Occidente

Trabajo leído en el Paraninfo de la Universidad de Tegucigalpa, ante la Federación de Sociedades Profesionales Universitarias de Honduras, el tres de septiembre de 1942.

PERFECTA HISTORICIDAD DEL CAUDILLO HONDUREÑO

LEMPIRA, el Héroe Nacional, no es figura legendaria, como se había creído, aun por espíritus cultos guiados por la luz de algunos historiadores del siglo pasado, los cuales no bien comprendieron el único relato que nos ha quedado auténtico sobre el Caudillo hondureño.[44]

Todo al contrario, Lempira es un ser perfectamente histórico.

---

[44] Antonio de Herrera, Cronista Oficial de la Corte de España, nos ha conservado en un capítulo entero de sus "DÉCADAS", escritas a fines del siglo XVI, habiendo él conocido a Las Casas y a todos los principales actores de la Conquista, el relato de la lucha y del fin heroico de Lempira, sacándolo de dos o de varias relaciones de fuente española y de fuente indígena.
Es el único capítulo de Herrera, sobre el cual podemos, criticándolo, poner la mayor fe.
Los otros capítulos que tratan de historia de Honduras, deben ser criticados duramente y purificados, porque hasta ahora han llevado por falsos caminos a historiadores centroamericanos de primera línea, que han tenido a la vista solamente estas Décadas, o a Juarros, que las ofreció muy recortadas, para escribir de historia de la Conquista de este país.
Así, por ejemplo, Herrera da por segura la fundación de Gracias a Dios por Juan de Chávez, el cual ni fundó Gracias a Dios, ni exclamó "Gracias a Dios", porque este nombre fue mandado a dar, anticipadamente, por don Pedro de Alvarado.
(Véase mi estudio "Lempira", en la "Revista del Archivo", mayo de 1942.)

Se necesitaba ahondar el problema, entrar en lo más recóndito de lo que revela la lectura atenta y muy repetida de las magníficas, aunque difíciles, cartas de Francisco de Montejo y del Obispo Pedraza (de este último, la Relación del 18 de mayo de 1539 no se conocía hasta ahora en Honduras ni en algunas otras partes de Centroamérica); era menester criticar, escudriñar e ir hasta el meollo del capítulo XIX del Libro III de la VI Década de Herrera (Véase mi estudio "LEMPIRA", en Revista del Archivo, Julio de 1941 y números siguientes, todavía en curso de publicación).

Hacía falta que el historiador se colocase, únicamente, dentro del ambiente maya de Honduras, al momento que aquí entraron Alvarado y Montejo; en fin, devolver más resplandeciente la aureola de perfecto patriota al más intrépido y genial caudillo de la PRIMERA INDEPENDENCIA, para que se hiciera posible encuadrarlo definitivamente dentro del marco muy real del NUEVO DESPERTAR de Honduras.[45]

---

[45] Entre las dudas que servían para creer más en que todo fuese leyenda, había la de la filiación étnica de Lempira.

Ahora bien, el estudio da por resultado seguro que Lempira, verdadero hondureño, era perfecta figura de MAYA SERRANO, como lo eran los CARES, los CARQUIS y los POTONES.

Mal interpretando el relato citado de Herrera, se proyectó con colores tétricos y se exageró la famosa e imperdonable "truición", pero se debe notar que ese historiador únicamente relata en su cruda realidad el hecho de guerra, de manera tan sencilla que, sin necesidad de fomentar odios inútiles, realza sobremanera la figura épica de LEMPIRA.

LA CUATRO EPOCAS DEL MUNDO EN EL AMBIENTE MAYA

Para tratar la figura real de Lempira, es necesario enfocarla dentro del ambiente y del tiempo en que tuvo que actuar, ya que esto nos proporciona los medios para aclarar los antecedentes que determinaron la revuelta y la muerte del Caudillo.

Ahora bien, este ambiente era el MAYA. Como se sabe, los Maya eran gente principalmente agrícola y cazadora, por naturaleza y por necesidad de la vida; era sumamente religiosa y, todavía más, supersticiosa. Su tiempo estaba dividido entre días protegidos por seres superiores favorables, o contrariados por espíritus malignos.

En los días aciagos nadie emprendía nada, y esto era la pesadilla de cada uno y de toda la vida del pueblo Maya.

Era, además, un ambiente KILIANISTA (Milenarista), en el sentido de que, al igual que otros pueblos, los Maya concebían al Cosmos como formado por sucesivas creaciones, o sea, en varias etapas o edades (las cuatro Edades del mundo, que los mexicanos llamaron «cuatro Soles»), en las cuales, cada vez, dentro de un período cronológico más o menos grande, el mundo era sacudido por espantosas calamidades, cataclismos y destrucciones.

Entonces todo el mundo quedaba sin vida; pocos escapaban, pero algunos de ellos convertidos en monos, en peces u otros animales; hasta los seres superiores caían "vencidos" por los nuevos dioses.

Había una pausa de tinieblas, en que ni sol, ni luna, ni estrellas lucían en el cielo sumergido en la más honda oscuridad: era el "Sol de Tinieblas".

Porque, según la concepción Maya del Universo, morían los seres con los elementos terrestres, morían los Dioses, moría el Sol, la Luna, las Estrellas, y todo estaba en silencio, cuando el ser o seres que tenían el cuidado del mundo procuraban un nuevo amanecer, una nueva creación.

[46]Entonces el Sol volvía a resplandecer en el cielo y la Luna y las Estrellas daban nuevamente su luz.

---

[46] En México y Centroamérica, la sucesión de las edades del mundo se convierte en una sucesión de Soles, y cada una de ellas se denomina con este nombre: SOL DE AGUA, SOL DE VIENTO, SOL DE FUEGO, SOL DE TIERRA.

Nuevos seres eran creados o los pocos que habían quedado de la ruina se multiplicaban.

Nuevos Dioses eran adorados y otros sacerdotes dirigían su culto; nuevos regidores dominaban la tierra; comenzaban nuevas costumbres, había nuevas comidas, se iniciaba una nueva vida.

Era el NUEVO AMANECER.

EL NUEVO AMANECER Y LOS VATICINIOS DE LOS CHILANES

Se aproximaba el fin del "BAKTUN" y el quinto AMANECER de la época, que es esta misma en que ahora vivimos.

Los pueblos centroamericanos temían siempre el final de una era, o sea, de un período cronológico más o menos largo.

Entre ellos había los Mexica, los cuales se preparaban con ayunos y con verdadero espanto a la corrección de su Calendario Ritual, cada 52 años.

En la noche anterior al comienzo del nuevo Ciclo, quedaban despavoridos esperando el momento en que las "Cabrillas" o "Pléyades" estarían en lo más alto del cielo; el sacerdote encendía el nuevo Fuego Secular, que se llevaba a todas partes en medio de desbordante alegría.[47]

(Imbelloni, Religiones de América, Boletín de la Academia Argentina de Letras, tomos VIII y IX. BAAL VIII, página 592. Buenos Aires, 1940-41.)

Esto quiere decir que, sucesivamente, el mundo fue destruido por un Diluvio, por un Huracán, por Fuego de Volcanes y, en fin, por Terremotos.

Podemos figurarnos el terror que se apoderaba de los pueblos al considerar que hoy mismo, al igual que cuando pasó el año MIL, los NEOKILIANISTAS o MILENARISTAS, ya están con inútiles previsiones y falsas profecías, asustando a los incautos en preparación del paso del año DOS MIL.

Lo que queda de verdad, es que en el mundo, en largos períodos irregulares, ha habido calamidades extraordinarias y de inmensa magnitud, que han sacudido, acá y acullá, a los pueblos de la tierra.

Se hace aquí abstracción del relato bíblico.

[47] Entre los pueblos de la América Central existían varios Calendarios; los principales eran: el del "año agrícola o popular", el "Ritual" y el "Civil, Astronómico-Cronológico".

(Cfr. Morley, Palacios y Escalona Ramos: Cron. Maya-Mexica, Mex. 1910.)

El primero contaba 18 meses de 20 días (360 días, más 5 "uayeyab", sin nombre y sin dios, inútiles y aciagos).

Para corregir el calendario, se reunió un CONGRESO ASTRONÓMICO en Copán (Huehuetlapallán), o en la misma latitud en la cuenca del Ulúa, en el año 133 antes de la era cristiana, e inventaron intercalar un día bisiesto cada cuatro años.

Existe en Copán una escultura famosa recordando el Congreso de sabios.

El "Calendario Ritual" intercalaba 13 días cada "ciclo de 52 años", en relación con el Planeta Venus.

Los mexicanos lo llamaban "Rueda del Calendario" o "Atadura de años", porque daban por "atado" o terminado un ciclo; y llamaban vejez o gran edad al ciclo doble de 104 años.

Cada 52 años volvían a repetirse todas sus posiciones.

Los Tulteca-Nahua tenían por seguro que en un día "Ollin", al final de este ciclo, había de acabarse el mundo.

El señor Escalona Ramos ha descubierto que existían tres maneras de contar este ciclo de 52 años.

Al final de este ciclo, los mexicanos celebraban la gran ceremonia del "FUEGO NUEVO SECULAR", también llamada CUENTA CORTA.

Los Maya inventaron en el siglo VI la CUENTA LARGA, en composición con la otra, para cálculos astronómicos y planetarios, y cómputos de miles y millones de días.

Para nuestro estudio, basta recordar algunos de los elementos que componen la "Cuenta Larga", es decir:

el Día ("Kin") o sea Sol,

el Año de 360 Kines, llamado "TUN" ("piedra"),

el "KATUN" o ciclo de 20 "Tunes" (7,200 Kines),

el "BAKTUN" o ciclo de 13 "Katunes" (o de 20 Katunes, que era el "Kutun de la Flor" o Gran Era, 93,600 ó 144,000 Kines).

Los Maya comenzaban por el cero y contaban por tiempo ya vencido.

Dentro del "Baktún" contaban los "Katunes" de manera revesada; cada Katún terminaba siempre en un día "Ahau", que significa "Gran Señor"; así el "Baktún" comenzaba por el "KATUN 11 AHAU" y terminaba por el "KATUN 13 AHAU".

Cada "Katún" se colocaba sucesivamente en una de las 13 regiones en que se había distribuido la Península de Yucatán.

El fin de cada período se recordaba con una Piedra conmemorativa o con una estela; cada Katún (20 Tunes) se dividía en cuatro pequeños lustros.

Cada año se colocaba idealmente, con ceremonias, ayunos y penitencias, en uno de los puntos cardinales de los cuatro caminos, con su árbol, ave y colores propios, y bajo la protección del propio "Bacab", que era un Ser superior "Portador de año" que llevaba su "Agujero".

Del Cronista Avendaño y Loyola son estas palabras:

"Estas épocas se dividen en 13 partes, en las mismas en que está dividido el reino de Yucatán; y cada época, con su ídolo, su sacerdote y profecía, rige cada una de estas 13 partes."

159

Todavía más que los Mexica, según cuenta el Obispo Landa, los Maya se preparaban con 13 días de abstinencia antes del día de Año Nuevo, que era el primero del mes de POP de la "Cuenta Corta" (16 de julio).

Al último, echado el demonio, comenzaban todos sus oraciones devotas y los chaces (ayudantes del sacerdote) sacaban lumbre nueva y encendían el bracero...

En los días Uayeyab, que eran los cinco anteriores, miraban al pronóstico y renovaban todos los trastos y las cosas viejas, echándolas al muladar; estos eran los días sin nombre, inútiles y aciagos, en los cuales, temiendo de todo, no salían de sus casas ni emprendían nada.

Si tanto temían los días de mal agüero de cada año y de cada fin de período, aunque corto, sin comparación esperaban los Maya, con señales de verdadera angustia, el final de un "BAKTUN", con que acababa toda una larga era, en cuyo momento había de venir el fin del mundo.

Esta vez esperaban el término del "Katún 13 Ahau" y el principio del "11 Ahau" (1542-3), con que debía comenzar una vida nueva.

Los CHILANES, o sea, los adivinos inspirados (especie de sacerdotes, magos, hechiceros, encargados de dar los responsos), que en forma de poesía «vaticinaban» lo que debía ocurrir y lo enseñaban al pueblo, para que en sus cantos lo recordase, sentían el deber de demostrarle que ya el BAKTUN estaba próximo a terminar.

Entre las «profecías» del Chilam Balam de Chumayel se encuentran estas palabras:

"Esta es la cara del Katún, del Trece Ahau: Se quebrará el rostro del Sol. Caerá rompiéndose sobre los dioses de ahora".

Los "CHILANES" y el Nuevo Amanecer

Estos "CHILANES", poseedores de una tradición antigua, repetían, en las trece regiones en que se dividía la tierra de Yucatán, la misma profecía con diversas palabras.

Se recordaba el final de la época, el fin del mundo.

Sin embargo, añadían que no tuviesen temor, porque se aproximaba también la nueva era, el NUEVO AMANECER.

LAS PROFECÍAS DE LA CRUZ Y DE LOS HOMBRES BARBADOS

Aproximándose el fin del cuarto "BAKTUN", unos 80 años antes de que se fundara por los españoles la ciudad de Mérida en Yucatán (6 de enero de 1542), Nahau Pech, el Gran Sacerdote, profetizaba:
(Imbelloni, BAAL IX, 1941)

En el tiempo que el Sol quedará (detenido) en lo alto, ¡oh Nobles Itzalanos!, cuando el Regidor sienta piedad (de los hombres), habrán pasado cuatro katunes (desde hoy), y entonces será traída (conocida) verdaderamente la voluntad de Dios.

Vosotros me preguntáis qué es lo que yo os aconsejo, ¡oh Nobles Itzalanos! (Salid a) esperar a vuestros huéspedes en (el medio del) camino, ¡oh gente de Itzá!

Son los Padres de la comarca los que llegan.

De la boca del Jefe Pech, el sacerdote, sale (esta profecía), para la época del cuarto katún, (justo) al fin del katún, ¡oh Nobles Itzalanos!

A la par de esta profecía, había otras todavía más explícitas, como la de Chilan Balam, el Cantor de Cabal-chen (Maní), que decía:
(Trad. Imbelloni)

En el día 13 Ahau será establecida la nueva Edad del tiempo (asignado) a los de Itzá y a los de Mayapán, ¡oh Señores Itzalanos!

Es ella la insignia de Hunab-Ku erguida; el tronco del árbol enhiesto vendrá a anunciar a las gentes que surge la nueva Aurora para el Mundo.

Ya se habrá producido largo período de discordia, de anarquía, cuando vendrá llevado por manos sagradas este signo, ¡oh Nobles Itzalanos!...

Se abrirá un nuevo amanecer en los cuatro puntos cardinales, y surgirá Itzamná-Kauil.

¡He aquí que llega vuestro Dios, oh gente de Itzá!

He aquí a vuestro «hermano mayor», oh gente de Tantún.

Recibid a vuestros huéspedes, los hombres barbados, los del Este, los portadores del signo divino, ¡oh Nobles de Itzá!

Buena es la palabra de la divinidad, que viene hacia vosotros para que se cumpla la renovación de la vida.

Nada tenéis que temer, ¡oh Nobles!, de él (que está) arriba de la tierra; es el único Dios que os ha creado, y esto por sí solo (es prueba de) que su Palabra es propicia.

Él ha tomado en protección vuestras almas; él ha de recibir en el cielo al que ha tenido verazmente fe.

(Antes) ha de comenzar, sin embargo, el período de los hombres de los dos días.

Levantemos, pues, en alto esta insignia, plantemos este estandarte.

Grande es la anarquía que comienza.

Restaurado es el Árbol Vital del Mundo; que se les dé conocimiento a todas las gentes de la insignia de Hunab-Ku erguida.

Adoradla, ¡oh Itzalanos!

Debéis adorar esta insignia enhiesta, y luego siempre mayormente, con todo corazón y buena fe, y creer en la palabra del verdadero Dios que viene del cielo a hablaros.

Multiplicad vuestra buena voluntad, ¡oh Itzalanos!, ahora que está el nuevo Amanecer por iluminar al Universo, y la vida está por entrar en una Edad nueva.

Tened fe en mi mensaje, yo soy Chilan Balam, y he interpretado la Palabra del verdadero Dios acerca de la existencia de la humanidad.

Él es el Regente que mandará sobre nosotros, el verdadero Señor de nuestros espíritus.

Pero aquellos a quienes esta Palabra es traída, los "jóvenes hermanos" nativos de la comarca, tres veces sopesen su eficacia y poder.

Los corazones de ellos están sumergidos, están amortajados bajo el peso de los pecados carnales...

Junde el pecado nefando de las flores de Naxit con sus compañeros, Regentes de los dos días.

Nefandos sus tronos, nefandos en el pecado carnal...

Son ellos la más desenfrenada lascivia, así de día como de noche, verdadera inmundicia del orbe; torcido el cuello, guiñosos los ojos, babosas las bocas, estos son los Regentes del País, ¡oh Itzalanos!.

LOS VATICINIOS SE CUMPLEN

Efectivamente, desde la destrucción de Mayapán (1441; más propiamente 1446 según Escalona Ramos), hubo un período de verdadera decadencia moral, sexual y política, llamado con el nombre de "trono de los dos días", que cundió en toda el área Maya en este tiempo.

En los reinos Quiché, Cakchiquel y Mamé de la vecina Guatemala, hubo guerras y conmociones sociales internas y externas, y los Pipiles adelantaron en la costa del sur.

En Yucatán, como cuenta el Obispo Landa y los Cronistas Yucatecos, fueron destruidos especialmente por huracanes, epidemias y otras calamidades; pero mucho más por las divisiones que acabaron con ellos.

De Honduras se sabe muy poco, porque ninguna crónica maya llegó hasta nosotros.

Pero sabemos, por Herrera, que había guerras continuas entre los Carquis, los Cares y los Potones.

En verdad, cuando Cortés llegó a Trujillo, tuvo que ponerse sus mejores ropas para recibir a los SEÑORES de Honduras, y al dar relación de esto a Carlos V, dice que ya tenía noticia de que en el interior había grandes Señoríos, que no serían menos que los de Nueva España.

Sin embargo, todo cayó de golpe, como un castillo de naipes.

Los Maya, que ocupaban toda el área de Honduras y eran de la misma lengua y costumbres de los de Yucatán, se encontraron envueltos en la misma decadencia de sus hermanos.

Acaso los CHILANES de Honduras vaticinaron, ellos también, el fin del BAKTUN, el fin del mundo, a la par de los de Yucatán y de los adivinos de México; o por lo menos se tuvo noticias de esos vaticinios, y en los cantos populares se recordó la nueva era, los nuevos hombres con otros Regentes y los nuevos dioses con sacerdotes diversos.

El "Árbol de la Vida", el YAXCHÉ, o "Árbol Verde", o sea, la Ceiba gigantesca (Ceiba pentandra), que perforaba el cielo con sus ramas y con sus raíces penetraba al mundo subterráneo, "debajo de cuyas ramas y sombra descansarían y holgarían todos siempre"

(Landa, XXXIII), aparecía, como en los Códices, en forma de CRUZ, y era plantado nuevamente en medio de las comarcas.

Era el "ÁRBOL VERDE DEL MUNDO", símbolo de la destrucción definitiva, después de la cual no había más nada.[48]

LOS NUEVOS REGENTES Y LOS NUEVOS DIOSES

Efectivamente, al final del Baktún, que debía ser anunciado por una gran carestía y terminar por fuego; en este momento terrible en que todo debía caer en ruinas y todo renovarse, se presentaron los españoles a las playas de Yucatán, llegando desde el oriente, el 22 de abril de 1541, guiados por Francisco de Montejo.

Eran hombres blancos y barbados que llevaban consigo el Árbol de la Cruz, que plantaban en todas las plazas.

Eran los nuevos Regentes, que traían consigo los nuevos dioses y los nuevos sacerdotes de la fe.

Aquel año era el fin del 13 Ahau y pronto iba a empezar el nuevo Katún 11 Ahau.

En Tho, en lugar de erigirse la estela cronográfica, se fundó Mérida, el 6 de enero de 1542.[49]

---

[48] Según el texto de Chilam Balam de Chumayel, en cada punto cardinal de la comarca o del pueblo, se plantaba un árbol de color diverso, símbolo de las cuatro destrucciones.

"El YAXCHÉ fue puesto en el centro como signo de la destrucción del mundo", o sea, como observa Imbelloni (BAAL, IX, 1941, página 673), del quinto y último ciclo vital.

Estos árboles, que al final fueron emblemáticos, con su ave encimada del mismo color (E., rojo; S., amarillo; O., negro; N., blanco), como horcones en forma de cruz, se plantaban en los cuatro puntos cardinales, a la salida de los cuatro caminos, simbolizando cada uno una época.

En Yucatán se levantaron muchos de esos árboles "insignias" en piedra labrada, en los patios de los templos, diciéndose que era "el árbol verde del mundo".

("Yaxché" significa "Árbol Verde").

En muchos pueblos de la América Central, de Venezuela, y como yo lo he visto, de Colombia, en medio de la plaza principal, es muy común encontrar una ceiba gigantesca, que con sus ramas da sombra a toda una plaza.

[49] En el fragmento de la Crónica de Ah Naum Pech (insertada en la crónica de Yaxkukul, v. Esc. p. 165), se lee:

En 1541, Tunal Pech se estableció aquí en el pueblo. El Naum Pech llamó aquí a sus descendientes y les dijo:

EL ÁRBOL DE LA SANTA VERACRUZ

Fueron tales las coincidencias anotadas y tan providenciales, que cambiaron de golpe la faz del mundo maya.

El fin del "Baktún" y el comienzo de la nueva era con el "Katún 11 Ahau", fueron el 12 de marzo de 1543 (Juliano).

«Sabed vosotros que uno Imix se llama el día del mundo en que han de llegar los hombres de los países de Oriente, con barbas largas, trayendo al país el signo del Dios único.

«Id a recibirles con vuestros pendones blancos. No les hagáis guerra, y habréis de recibirlos con verdaderas dádivas»."*

En la «Relación de la ciudad de Mérida, de Gaspar Antonio XIU» (Colecc. Doc. In.ser, 2a, t. XI, pp. 44-45) se relata lo siguiente:

"Hubo algunas provincias que nunca dieron guerra, sino que recibieron a los españoles de paz, en especial la provincia de Tutul Xiú, cuya cabecera era y es el pueblo de Maní, catorce leguas de esta ciudad al Sureste, donde hubo pocos años antes que los españoles viniesen a conquistar esta tierra, un yndio principal, que era sacerdote, llamado Chilam Balam, que le tenían por gran profeta y adivino, y este les dixo que dentro de breve tiempo vendría de hazia donde sale el sol una gente blanca y barbada, y que traerían levantada una señal como esta CRUZ, a la cual no podían llegar sus Dioses, y huían de ella, y que esta gente había de señorear la tierra y que a los que los recibiesen de paz no les harían mal ninguno, y a los que les hiciesen guerra los matarían, y que los naturales de la tierra dejarían sus ídolos y adorarían un solo Dios, que ellos adoraban y habían de predicar, y les serían tributarios..."

Algunos Maya se opusieron a Montejo, y a cuatro leguas de Tihó estuvieron a punto de acabar con todos los españoles; el 11 de junio de 1541, día de San Bernabé, se dio la batalla decisiva para la conquista de Yucatán.

Montejo esperó entonces las embajadas de los Maya aliados, especialmente de Tutul Xiú, Jefe de Maní, y el 6 de enero de 1542, sobre la ciudad de Tihó, fundó Mérida.

Caían los dioses antiguos, se establecían los nuevos.

Pues, el 29 de marzo de 1543, empezó el 11 Ahau, del nuevo Baktún, de la nueva era, y al hacer la corrección del Calendario, no se erigió la estela conmemorativa, sino que se recibieron los heraldos de la nueva fe, los primeros frailes franciscanos, que llegaron en 1545.

Este fue el NUEVO AMANECER.

Ahora: el 22 de abril de 1541, Francisco de Montejo había puesto pie en Yucatán; el 11 de junio, día de San Bernabé, dio en Tho la batalla decisiva, y en aquel lugar fundó Mérida, el 6 de enero de 1542.

En 1545 llegaron los primeros franciscanos y empezó la predicación del Evangelio.

Eran los nuevos dioses, los nuevos sacerdotes y los nuevos Regentes.

Traían consigo el "signo del Dios Único", plantaban el "árbol de la Santa Veracruz".

Aun desde el punto de vista cristiano, estas coincidencias fueron demasiado expresivas para no reconocerlas como providenciales.

Tanto los Religiosos, como los indios, fueron afectados de tal manera, que no dudaron un momento de que se trataba del real cumplimiento de las "profecías", y los Franciscanos se valían sinceramente de ellas para demostrar que la nueva fe estaba ya preanunciada por los Chilanes maya:

De este modo, tuvieron poco trabajo en convencer a los indios, a los cuales eran familiares las mismas predicciones.

En verdad, ellas no decían más que vendría una época de decadencia, y que el árbol YAXCHÉ sería plantado para la nueva época, como símbolo del último fin del mundo, bajo nuevos Dioses, nuevos Regidores, nuevas costumbres y nuevas cosas.

Los españoles tuvieron la suerte de llegar en tiempo oportuno, en el momento más crítico, y ocasionaron una transformación tan repentina, como si fuese el verdadero fin catastrófico de la cuarta edad, y el YAXCHÉ, con sus ramas en cruz, representase el verdadero "Signo del Dios Único".

EL FIN DEL MUNDO EN HONDURAS

Le tocó a Honduras, antes de Yucatán, recibir a los españoles y a Montejo, en el año de 1536, cuando ya comenzaban las angustias por el final del BAKTUN.

La coincidencia y las calamidades consecutivas impresionaron hondamente.

¿Y cómo no debían impresionar?

Como si no hubieran bastado los males pronosticados para el final de la Época, había los pronósticos de cada fin del período, aunque fuesen los años bisiestos, o los días aciagos anuales, amén de los males o bienes que esperaban de los cuatro "BACABES", que eran los seres sobrenaturales sobre los cuales cargaba el pronóstico de cada año.

Efectivamente, los últimos seis o siete años fueron totalmente desastrosos, y basta recorrerlos así a la ligera para conocerlo.[50]

AÑOS DE CALAMIDADES Y PROFECÍAS

El año de 1535-6 (de 16 a 16 de julio en Yucatán), tenía por nombre Ix y su "Bacab" era Zaczini, que reinaba en el Norte.[51]

Según el Obispo Landa:

Las miserias que temían este año, si eran negligentes en estos servicios, eran desmayos y amortecimientos y mal de ojos; teníanlo por ruín año de pan y bueno de algodón...

Decían que habían de tener en él muchas miserias, como gran falta de agua y muchos soles, los cuales habían de secar los maizales, de lo que seguiría gran hambre, y del hambre hurtos, hurtos de esclavos, y vender a los que hiciesen.

De esto les vendrían discordias y guerras entre sí propios o con otros pueblos.

También decían que habría mudanza en el mundo de los señores o de los sacerdotes por razón de las guerras y las discordias.

---

[50] Avendaño cuenta que, para convencer a los indios de que debían bautizarse, reunió a los jefes:

"Ante todos ellos condujo el razonamiento con suma habilidad y seriedad, y de este modo fue discutido entre todos cuánto tiempo habíase vencido el término que estaba indicado por sus profetas para que debieran comenzar a hacerse cristianos.

Hice, además, el total de esos cálculos, a lo que el rey y algunos sacerdotes prestaron ayuda con su propia opinión, después de lo cual confesaron que estaban convencidos, y todos llegamos de común acuerdo a establecer que faltaban sólo cuatro meses para que expirase la época destinada al bautizo de los más viejos..."
(Cfr. Imbelloni, BAAL, IX, 1941, p. 761).

[51] Estos datos correlativos, además de estar basados en los hechos históricos y en las fechas aportadas por el Obispo Landa y los Cronistas del tiempo, se encuentran comprobados en la obra de Morley sobre las Estelas de Copán y en la obra reciente de A. Escalona Ramos (o.c.), quien ha consultado todo lo que ha sido escrito hasta ahora en cuestión de cronología maya.

En cuanto a la diferencia del paso del Sol por el ZENIT de cada lugar y a la celebración del año maya, remito a la nota siguiente.

Tenían también pronóstico: "que de los que quisiesen ser señores, no prevalecerían".

El año siguiente, 1536-7, era año bisiesto, y por lo tanto último del ciclo de 4 años; su letra era "Cauac" y reinaba "Hozanek", el "Bacab" negro del oeste, el ser subterráneo malo.

Debía ser año pésimo, porque además de una gran mortandad, les estaba pronosticado que "los muchos soles les habrían de matar los maizales, y las muchas hormigas y los pájaros comerse lo que sembrasen."

Uno de los tantos números de las ceremonias propiciatorias y penitencias, en que se sacaban mucha sangre, con la poca esperanza de alejar los males pronosticados, era llevar a la parte del Occidente un tronco del árbol Yaxex (Yaaxek, madera dura y negra) con la imagen del "Bacab" negro, cargado de una calavera y de un hombre muerto;

Encima del árbol ponían el negro zopilote (Cathartes atratus), llamado "Kuk", en señal de gran mortandad, pues por muy mal año tenían este. (Landa, c.XXXVIII)

Además, por la noche encendían un gran fuego, y sobre las brasas ardientes caminaban descalzos y desnudos,

"Y en esto creían que estaba el remedio de sus miserias y malos agüeros".

Y así pasaban estos días aciagos, que eran los "Uayeyab" o duendes, antes del primer día de año nuevo, que tan malo se presentaba.

Profecías y la llegada de los conquistadores

Ahora, si damos una mirada retrospectiva, encontramos que precisamente en el año de 1535-36, sucedieron todos los males previstos, especialmente la "mudanza", en el mando de los señores.

Fue a fines de 1535 y principios de 1536, cuando Cereceda despobló Trujillo e hizo grandes estragos en el camino por todo el Valle que Colón llamó "TIERRA DE MAYA", hasta el Valle de Guimistán, en las minas de Naco, adonde metió esclavos jicaques, mexicanos y guatemaltecos.

A mediados del año de 1536, llegó como un rayo Don Pedro de Alvarado, asolando todo a su paso.

Entró por Ocotepeque, y dejando parte del ejército en Tencoa, se fue a embarcar a Puerto de Caballos (cerca de Puerto Cortés).

Antes había fundado la Villa de San Pedro de Puerto de Caballos junto a Tholoma, el 26 de junio (es posible que las fechas de estos hechos, por causa política, sean algo alteradas),

Y hecho la repartición del territorio que se le había asignado, el 15 de julio;

El 20 de julio había hecho el "repartimiento general de los pueblos e indios naturales de la dicha provincia de Higueras, que su señoría ha conquistado, de la jurisdicción de la ciudad de Gracias a Dios; que su señoría nuevamente ha fundado e poblado en nombre de Su Majestad...". (Rev. Arch. T. IV, entr. V-VI, 1908, pág. 133).

Se nota que Pedro de Alvarado creyó que Gracias a Dios ya estuviese fundada, porque desde Tencoa había despachado a Juan de Chávez, quien con dos mil y más achíes terribles, había destruido principalmente la provincia de Cerquín, donde los Maya se habían fortalecido en el célebre peñón.

Pero Juan de Chávez, sin hacer ninguna fundación, regresó a Guatemala, estando todavía Don Pedro de Alvarado en Honduras.

Por tanto, deberá colocarse cerca de esta fecha memorable, en que de golpe cayeron todos los jefes maya, la famosa reunión de Lempira en la "Sierra de las Neblinas" (en su lenguaje "Pira-era"), antes del fin del año maya de 1536, O sea, en el segundo paso del Sol por el ZENIT en ese lugar, que sucede a mitad (el 15) de agosto.

Se verificaba en todo punto el pronóstico de este año:

La mudanza de los señores, porque con el famoso repartimiento, se les quitaban sus bienes y su libertad.

La elección de Lempira como jefe supremo, el cual, según el pronóstico, "no debía prevalecer".

El año siguiente de 1536-37 fue efectivamente malo, antes pésimo.

Todas las Crónicas maya anotan en Yucatán el exterminio de los "Ofrendarios" de Maní, que fueron quemados vivos por los Cocomes, mientras iban a sacrificar al "Cenote" (pozo) de Chichén-Itzá, a causa de una gran hambre que pasaban en el país.

Siguieron cinco años de grandes guerras entre ellos, hasta que llegó Montejo y se cumplió el vaticinio.

En Honduras hubo la llegada de Alvarado, el cual puso todo a hierro y fuego; los indios abandonaron sus poblaciones, fortaleciéndose en altas peñas; los estragos y destrucciones de Juan de Chávez, la llegada de Montejo, que a todos pacificaba, pero sojuzgándolos.

Debió ser por fines de julio o primera mitad de agosto de 1538 que cayó Lempira.

Ahora bien, el año maya de 1537-8 (de junio a julio) tenía por nombre "KAN" (maíz) y su "Bacab", Obnil, que reinaba en el mediodía.

"Est eaño había de ser bueno".

Sin embargo, muchas veces "les venían miserias", y por eso sacrificaban a un hombre o a un perro, sacándole el corazón y ofreciéndolo al "Bacab" protector.

Lempira, confiado en los pronósticos, debió comenzar a acosar a los españoles y empezar duramente la guerra, fortaleciéndose aún más en los peñones.

Efectivamente, cuando Cáceres, enviado por Montejo a pacificar la gente, a principios de 1538, se vio en grandes apreturas, pidió refuerzos; escasamente podía defenderse y temió no acabar, especialmente habiendo ya entrado la estación de las lluvias.

Seis meses duros fueron esos, en que los indios neutrales estaban esperando entrar en guerra ellos también, para acabar con los españoles.

Año de 1538-9 y el sacrificio de Lempira

El año de 1538-9 se llamaba "Muluc" y reinaba el "Bacab" Canzienal en la parte del oriente.

Hacían muchos sacrificios de sangre y muchas ceremonias en los días aciagos, con que terminaba el año anterior.

"Habían de temer, si no hacían las cosas dichas, mucho mal de ojo".

"Tenían otras muchas miserias y malas señales, aunque era bueno el año si no hacían los servicios que el demonio les mandaba".

Acaso este año no pudieron efectuar las ceremonias mandadas, por lo menos como las debían hacer.

Es probable que Lempira murió por este tiempo, porque Herrera dio por seña que había ya entrado el tiempo de los aguaceros, que ponían en peligro a los españoles "por haber invernado en campaña".

Los grandes aguaceros se dan en el segundo paso del sol por el ZENIT, que es entre el fin y el comienzo del antiguo año maya.[52]

---

[52] Según el Obispo Landa (cap. XXXIX):

El primer día de Pop es el primero del mes de los indios; era su año nuevo, fiesta muy celebrada porque es general y de todos; así, todo el pueblo junto, hacían fiesta a todos los ídolos.

Para celebrarla con más solemnidad, renovaban en este día todas las cosas de su servicio, como platos, vasos, banquillos y la ropa vieja y las mantillas en que tenían envueltos a los ídolos.

Barrían sus casas y la basura y los trastos viejos echábanlos fuera del pueblo, al muladar, y nadie, aunque los hubiese menester, los tocaba.

Para esta fiesta comenzaban un tiempo antes a ayunar... algunos comenzaban tres meses antes... pero ninguno menos de trece días..."*

En el cap. 34, cuenta las ceremonias que hacían en los cinco días aciagos antes del primero del año, echando al demonio, con oraciones, bendiciones, ofrendas y sacrificios a los "Bacabes".

Tanto Landa como el Chilam Balam de Chumayel habían dado como fijo el principio del año maya en el 16 de julio (año juliano), en Yucatán.

Según los autores citados por Escalona Ramos (o. c. intr p.26), ceremonias o fiestas había en Yucatán desde mayo hasta julio, en cuyos meses pasa el Sol por el ZENIT.

Porque se observaba, además del calendario cronológico, también el agrícola, no podemos estar bien seguros, pero es probable que, con alguna diferencia, el calendario y las fiestas iban de acuerdo con las de Yucatán.

Copán, los valles del Ulúa, del Humuya y del Aguán, en donde, según yo mismo lo he comprobado, había muchos lugares que deben ser considerados como observatorios solares, que estaban más o menos en la misma latitud (Copán, Tencoa y El Sauce, sobre el lago de Yojoa, están situados a una misma latitud),

Debieron celebrar sus fiestas casi al mismo tiempo y convidarse mutuamente, según costumbres que han quedado después en ciertas fiestas cristianas.

El paso del Sol por el ZENIT de Copán, que está a 14° 50', sucede el 30 de abril y el 13 de agosto.

Cerquín está situado cerca de medio grado más al Sur, y por lo tanto solamente a unos dos días de diferencia, ya que tiene, con poca diferencia, casi el mismo paralelo que Tegucigalpa, en donde el Sol pasa por el ZENIT en 28 de abril y 15 de agosto.

Su nombre fue, probablemente, Ceel-kin o Kal-kin, parecido al del Cerro Celaque, muy cercano, cuyo nombre era Celakín y hace sospechar un lugar de observación y culto solar.

Las lluvias y los ciclos solares en Cerquín

GRANDES ACONTECIMIENTOS DE 1539

En todo caso, en este año hubo grandes acontecimientos:

La caída de Lempira y la toma de la formidable fortaleza de Cerquín.

La tercera fundación de la ciudad de Gracias, de seguro el 14 de enero de 1539, cuando el Obispo Pedraza plantó el árbol de la Santa Veracruz.

Poco después, la toma del peñón de Tenampúa y la segunda fundación de la ciudad de Comayagua.

En julio de 1539 comenzaba otro año maya, que tenía, como el de 1535-6, por nombre "Ix" y por pronóstico la mudanza en el mando de los señores.

Efectivamente, Montejo aún caía a consecuencia de la vuelta de Don Pedro de Alvarado, quien había obtenido la gobernación.

Y Alvarado no prevaleció, porque murió después;

Caían todos los jefes maya y se verificaba a punto, en Honduras, más de un año antes que en Yucatán, la caída de los dioses y el cambio de los Regentes.

Según Escalona Ramos, ordinariamente, en el primer paso del Sol termina la temporada seca, y entre los dos pasos del Sol, o más aún después del segundo, se presentan las lluvias más numerosas y fuertes.

Efectivamente, según personas entendidas del lugar, el invierno comienza en abril y termina en octubre, con pocos días de descanso intermedio.

Es decir, por abril o mayo comienzan las lluvias pequeñas y las grandes en junio o julio;

Paran en agosto y, recomenzando, arrecian en octubre, parando en noviembre.

De la misma manera se comportan en la región de Cerquín, del Valle de San Antonio y del Congolón;

La canícula dura un mes, empezando el 15 de julio y terminando el 15 de agosto, con una pausa dentro de este tiempo,

Recomenzando, las lluvias más fuertes ocurren principalmente en septiembre hasta mitad de octubre.

Herrera dice que los españoles duraron grandes trabajos "por haber invernado en campaña".

Esto y otras circunstancias, como el aparecer de Lempira sobre el peñón para reconvenir a los españoles, insultarlos y reprocharlos,

Hacen suponer que éstos aprovecharon los días de la canícula, en que raraban temporalmente las aguas, para procurar la muerte de Lempira,

Que, por lo tanto, debe de haber sucedido alrededor del principio del año nuevo de los maya, en 1538.

LA CATÁSTORFE FINAL DE CERQUÍN

Los Mayas Serranos de la región de Cerquín conocían seguramente las palabras fatales que constituían las bases de sus creencias, entre las cuales entraban las periódicas destrucciones del mundo al final de una época.

Siendo cohermanos con los Maya de Yucatán, debieron, más o menos, poseer el sentido de los mismos vaticinios, que predecían la catástrofe final inevitable.

Acaso, en sus contactos con Yucatán, por medio de los mercaderes del Río Ulúa, habían oído las mismas palabras de las profecías de los CHILANES de Maní, que se cantaban desde más de 80 años, en todos los pueblos.

Si queremos una prueba de ello, veamos algunos de los hechos que antecedieron y acompañaron la muerte de Lempira.

Al examinarlos, no deja de impresionar, ante todo, el trabajo que costó a Lempira pacificarse con los Cares del oriente y con los Potones del Sur.

Dice Herrera (1.c.):

"Mucho antes que los Castellanos llegaran a aquellas partes de Gracias a Dios, los indios tuvieron noticias de ellos y no por eso dejaban las pasiones y guerras".

Mucho más le costó después convencer a los dos mil Señores de la Comarca, que por fin, al ofrecerse Lempira como su capitán, asegurando que se expondría a los mayores peligros, prometieron seguirle, "unos de voluntad, y otros por temor", y solamente así se comenzó la guerra.

Y que así fuese, lo demuestra el hecho de que la verdadera lucha, según todas las apariencias, se limitó por fin, al peñón de Cerquín, que era, como todos decían, el baluarte más fuerte y, de veras, inexpugnable.

Estaba situado en una estribación de la "Sierra de las Neblinas", junto a la antigua población de Cerquín (este lugar se llama hoy "Eguate") que, según los indicios que tenemos, era la residencia del Caudillo.

La mayor parte de los jefes y los más de los indios estaban desparramados en Coyocutena, en el Congolón y en el Cerro del Broquel, cerca de Gualcinse, y probablemente en el Cerro Gualacapa, entre el Congolón y Valladolid.

Según Herrera:

"Había muchos principales que le seguían en esta guerra; unos contra su voluntad, porque no los tuviesen por cobardes; otros por respeto que tenían a Lempira; y otros hubo que le dijeron que dejase aquella guerra, y tomase por amigos a los Castellanos, pues al cabo había de perder...".

Ahora bien, toda esta frialdad, después de haber tomado las armas para cobrar libertad, después de haber sido tan ofendidos por las huestes de Pedro de Alvarado y de Juan de Chávez, que les tomaron miles de esclavos, les mataron niños y les sacaron mujeres, repartiendo además las tierras entre los soldados,

Toda esta frialdad, mientras estaban cansando a los pocos que los sitiaban, no es tan comprensible, si no se añade que esperaban algo fatal para ellos, que les persuadía la inutilidad de la resistencia.

Y ese "algo", además de la violencia y agresividad de los españoles, eran especialmente los vaticinios, que ejercían un influjo fatal sobre los ánimos de los más aguerridos.

EL FIN DE LEMPIRA

"El haber ido a la guerra sin voluntad, la mayor parte de los jefes, dio por resultado el desastre final.

Lempira había asegurado que se expondría a los mayores peligros.

En efecto, se puede imaginar, por el relato de Herrera, que cada día se presentaba en la cumbre del peñón, situada en la parte oriental, sobre el campo de los españoles, desafiándolos y provocándolos, seguro de su invulnerabilidad.

Pero hubo un día de gran tristeza para él: el día anterior a su muerte.

Era el presentimiento; probablemente pensaba en el fin desastroso; acaso era uno de los días aciagos.

Que los jefes estaban preocupados, lo demuestra la última catástrofe.

Cayó Lempira rodando por la sierra abajo...

Con esta muerte de Lempira, que el día antes anduvo muy triste, se levantó gran alboroto y confusión entre los indios..."

(Herrera, 1.c.)

Fue, pues, suficiente que el Caudillo desapareciese, para que se apoderara de todos el temor pánico:

Muchos, huyendo, se despeñaron por aquellas sierras, y otros, luego se rindieron.

Ahora bien, no se hubiesen rendido tan pronto, que, al decir de Montejo,

"Al mediodía todo estaba en paz", si no hubiesen tenido el ánimo preparado.

UN NUEVO AMANECER PARA HONDURAS

El Nuevo Amanecer y la rendición de los mayas serranos

El Chilam Balam de Maní recomendaba ir al encuentro de los Hermanos mayores,

Los hombres barbados, los del Este, los portadores del signo divino, y a pesar de la destrucción de todo el mundo anterior, los confortaba con estas palabras:

"Multiplicad vuestra buena voluntad, o Itzalanos, ahora que está el nuevo Amanecer por iluminar al Universo, y la vida está por entrar en una Edad nueva."

En esta Nueva Era debieron pensar los Jefes de la Provincia de Cerquín, al dejar inmediatamente las armas.

"Muerto Lempira, el capitán Cáceres envió a los Señores que quedaban un presente de camisas, alpargatas, gallos y paños mexicanos, y cuatro lanzas, apercibiéndoles que si no obedecían, morirían como su capitán.

Ellos, habido su acuerdo, enviaron otro presente de gallos, diciendo que se querían rendir al Gran Rey de Castilla, a quien ellos llamaban el Acapuca, que es tanto como decir, el gran Cristiano (10),

Y que, pues tan valientes hombres le servían, debía de ser gran Señor,

Y con grandes regocijos de tambores, caracoles y otras maneras de placeres, se pusieron en obediencia.

(Herrera, 1. c.)

CONCLUSIÓN

Sintetizando los hechos, la catástrofe final era inevitable.

Los Jefes que aconsejaban a Lempira que "tomase por amigos a los Castellanos, pues al cabo había de perder", no eran menos patriotas;

Amaban a su tierra, a sus tradiciones, a su libertad.

Sin embargo, estaban seguros de una cosa:

La nueva era había llegado.

Como un viejo de barbas blancas, llegado ya el momento de perder las fuerzas, si es consciente y considerado,

Se resigna a entregar a sus hijos lo que hasta entonces le parecía más caro a sus ojos:

La herencia que ha formado con duras labores, y más que todo, la dirección de la familia.

Así comprendieron ellos que debían resignarse y entrar por la corriente que ya los llevaba.

Fue Lempira el verdadero Héroe, el gran Patriota, el más grande Prócer de la Primera Independencia.

No sabía entonces que su persona erguida en el peñón de Cerquín,

Más que simbolizar la defensa de una porción de la TIERRA DE MAYA que se iba desmoronando,

Era el más puro símbolo de la formación de aquella nacionalidad hondureña.

Apenas vislumbrada por los primeros Castellanos, pero inmediatamente bien delineada por Montejo y Pedraza.

Cuya integridad tesoneramente defendieron en el NUEVO AMANECER.

Lempira más que un símbolo, es el Pendón de Honduras.

Agosto 1942

MONSEÑOR FEDERICO LUNARDI
NUNCIO APOSTÓLICO

APÉNDICE II: MEDIDAS DE LA PIEDRA PARADA EN EL CONGOLÓN

Con el fin de aclarar una duda acerca del tamaño de la Piedra Parada, sobre la cual traté en capítulo propio, en la página 23,

Rogué al señor Cura Párroco de Erandique, Presbítero Brígido Estrada, verificar las medidas de dicha piedra.

Con mucho interés desempeñó él la comisión, en compañía del joven don Jorge Milla.

Ascendieron por el extremo NE., en donde la Piedra no tiene altura y se alarga horizontalmente en una extensión de 22 metros,

Hasta el extremo más elevado, frente a la otra piedra del camino real.

Vista por encima, la piedra aparece con semejanza de una ballena, con la cola en flexión hacia el Oriente.

Su anchura, en la parte plana horizontal, va midiendo:

Tres metros,

Tres y medio,

Cuatro metros en la parte plana, donde cómodamente pueden pararse algunas personas.

La parte más alta, que parece cabeza, que la fantasía imagina como pedestal, donde se efectuara el parlamento,

Mide por encima, metro y medio de anchura.

Desde aquí, la profundidad o altura del peñasco, mirando a la piedra del camino, es de veinte metros, cuarenta centímetros (esto en el lado NO.).

La altura del lado inmediato SO. es de veintidós metros, veinte centímetros.

Medidas generales de la Piedra Parada

Medida por la base, en lo que aparece piedra y por el contorno, tiene ciento veintitrés metros.

En el rumbo NED., no tiene altura de importancia, y a caballo se llega hasta la parte de piedra desnuda.

En resumen:

Longitud de la piedra: 22 m

Ancho en la parte media: 4 m

Altura de lo que parece cabeza, por el lado NO.: 20,40 m

Altura SO.: 22,20 m

Circuito de la piedra por la base, sin cortar el extremo de la cola: 123 m

Por encima, la parte alta, en forma de cabeza, está separada por una cisura.